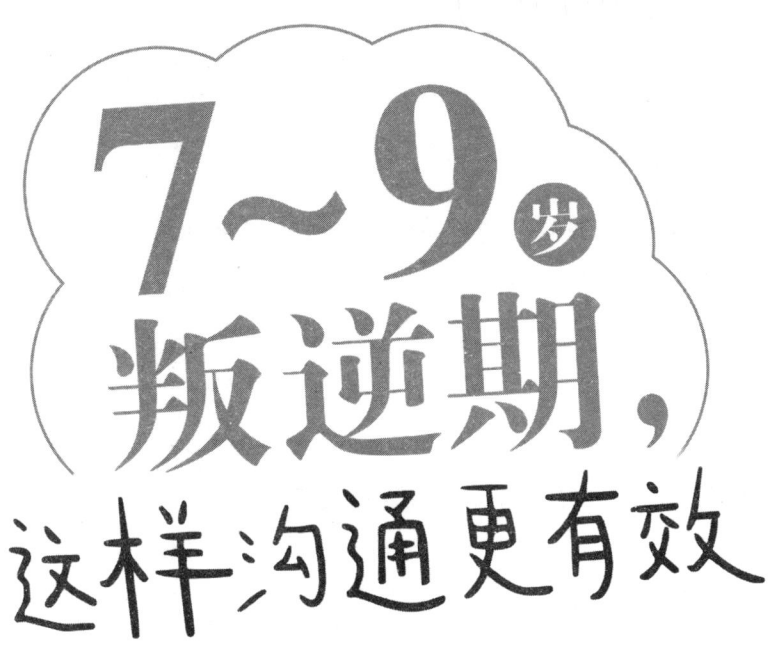

张红镝 马明◎编著

中国纺织出版社

内 容 提 要

在不同的年龄段，孩子的叛逆会呈现出不同的特点和表现。7~9岁的孩子虽然会有小大人的叛逆，但只要父母加以正确引导，一定可以陪伴孩子度过这段欢乐的童年时光。

本书详细阐述了7~9岁孩子的特点、行为以及成长规律，并对这一年龄段的孩子呈现出来的叛逆，提出有针对性的亲子沟通策略，让你与孩子轻松交流无压力。

图书在版编目（CIP）数据

7~9岁叛逆期，这样沟通更有效 / 张红镝，马明编著. —北京：中国纺织出版社，2019.11
ISBN 978-7-5180-6094-8

Ⅰ.①7… Ⅱ.①张… ②马… Ⅲ.①儿童教育—家庭教育 Ⅳ.①G782

中国版本图书馆CIP数据核字（2019）第063565号

责任编辑：李 杨　　特约编辑：王佳新
责任校对：江思飞　　责任印制：储志伟

中国纺织出版社出版发行
地址：北京市朝阳区百子湾东里A407号楼　邮政编码：100124
销售电话：010-67004422　传真：010-87155801
http://www.c-textilep.com
E-mail：faxing@c-textilep.com
中国纺织出版社天猫旗舰店
官方微博http://weibo.com/2119887771
三河市宏盛印务有限公司印刷　各地新华书店经销
2019年11月第1版第1次印刷
开本：710×1000　1/16　印张：13.5
字数：180千字　定价：39.80元

凡购本书，如有缺页、倒页、脱页，由本社图书营销中心调换

前言

许多父母吐槽：孩子才7岁，就特别叛逆，什么事情都跟我唱反调，可是他在很多事情上又特别依赖我，这究竟是怎么回事呢？孩子叛逆期不是在青春期吗？难道是叛逆期提前了？

其实，一个孩子成长过程中有三个叛逆期，第一个叛逆期是2-3岁的时候，第二个叛逆期是孩子7~9岁的时候，第三个叛逆期是孩子12-15岁的时候。7~9岁的孩子正处于从幼儿园进入小学的阶段，内心试图摆脱父母的掌控，所以以前那个乖乖听话的孩子变成了凡事都与父母唱反调的叛逆孩子。面对孩子发生如此大的变化，许多父母显得有些手足无措，不知道应该怎么办。

7~9岁的孩子所处的叛逆期，又被称之为"准大人"期，个性的突然变化以及强烈的叛逆心理都是这个阶段孩子的正常现象。他们不再是过去婴幼儿时期的乖宝宝，7~9岁的孩子已经普遍开始了学校系统的学习，他们在小学已经接受了正规的教育，学到了许多知识，他们的认知已经有了一些变化。这一阶段的孩子认为自己已经是一个成年人或者是小大人而不再是小孩了，在父母面前他们急切地想要证明自己已经长大了，比如出门不喜欢父母拉着自己、不喜欢父母喊自己的乳名而要求称呼全名、当父母要求不要做一件事时他们非要做，会开始要求独立，行为上总想摆脱父母的控制。然而，毕竟由于他们年纪尚小，在生活上又十分依赖父母。

俗话说："七岁八岁总招嫌。"许多父母认为孩子在这个阶段就是如此，他们还是按照以往的教育方式，不做任何改变，结果导致这个阶段的亲子关系非常紧张。事实上，孩子在这一阶段的身心变化都是自然成长现象，父母应该接纳孩子的这一变化，适时转变对孩子的教育方式和沟通模式，这将可以有效地帮助孩子顺利度过这一阶段。

对7~9岁孩子的叛逆，这时父母不能启用专制教育，最好的方式就是与孩子实现互动。此外，这一阶段的孩子会遇到一些学习和生活上的困惑，父母要耐心倾听孩子的想法，这有利于拉近与孩子之间的关系。

编著者

2019年4月

目 录

第01章　叛逆孩子不听话，不打不骂不咆哮　|001

　　孩子正处于心理断乳期，父母应冷静对待　|002

　　孩子叛逆了，父母不必太较劲　|005

　　孩子反感老师，父母应正面引导　|008

　　孩子有隐私了，父母别惊慌　|011

　　孩子爱顶嘴，父母不能忽视　|014

第02章　孩子总是唱反调，父母要摸清背后的真相　|017

　　孩子抵抗约束，父母应及时调整自己　|018

　　孩子形成健康的自我，父母应多鼓励　|019

　　孩子自我探索，父母巧妙引导　|023

　　儿童性教育，父母别再羞于启齿　|025

　　孩子精力旺盛，父母培养其注意力　|028

　　孩子打破砂锅问到底，父母应保护其求知欲　|031

第03章　孩子情绪多变，父母要细心开导巧安抚　|035

　　孩子怕黑，父母就培养其独立性　|036

　　孩子敏感脆弱，父母要多给予安全感　|039

　　　　　　孩子比较内向，父母要多陪伴　｜041

　　　　　　孩子容易消极，父母要多安抚　｜043

　　　　　　孩子有自闭症，父母要用爱心引导他　｜047

　　　　　　孩子有抑郁症，父母别放弃　｜050

第04章　对孩子身上的坏习惯，重在严格要求　｜053

　　　　　　孩子生气喜欢摔东西，父母不必紧张　｜054

　　　　　　孩子爱抢东西，引导他认识归属者　｜057

　　　　　　孩子爱涂鸦，父母应及时给予回应　｜060

　　　　　　孩子人来疯，父母别太关注　｜063

　　　　　　孩子爱模仿，父母不能错过学习敏感期　｜067

　　　　　　孩子总是三心二意，父母就要培养其注意力　｜070

第05章　孩子个性不好，父母应适度放手耐心引导　｜073

　　　　　　纠正孩子的任性，父母要有耐心　｜074

　　　　　　孩子爱撒谎，父母不能打骂　｜076

　　　　　　孩子出现反抗行为，父母要了解他的想法　｜079

　　　　　　孩子想独立，父母给予他成长空间　｜081

　　　　　　孩子不喜欢被管，父母要巧妙应对　｜083

第06章　孩子讨厌学习，想办法积极提升他的学习意愿　｜087

　　　　　　孩子学习没计划，父母与他一定制订计划　｜088

孩子听不懂，父母要引导孩子预习功课 ｜090

孩子偏科，父母要找到背后的原因 ｜093

女儿不擅长数学，父母应纠正认识偏差 ｜096

孩子患了厌学症，父母要及时帮他解压 ｜097

孩子恐惧考试，父母要引导他做好复习 ｜099

让孩子认识到学习的意义 ｜102

第07章 孩子若不受人喜欢，父母要为他营造良好交际环境 ｜105

孩子好嫉妒，父母要给予心理疏导 ｜106

孩子霸道，父母要对症下药 ｜109

孩子不善与同学相处，父母应教会他团结 ｜111

孩子不懂拒绝，父母要锻炼他拍板的能力 ｜114

孩子交友要自由，越干涉越叛逆 ｜117

孩子没人缘，父母要反省教育方法 ｜118

孩子爱打人，父母不该以暴制暴 ｜120

第08章 孩子不亲近父母，父母应学会做他的朋友 ｜125

孩子不听话，只需要你多夸他 ｜126

孩子不愿沟通，父母不妨主动走进他的内心 ｜129

孩子不服气，父母要理解他的意愿 ｜132

孩子变了，那是因为你没真正了解过他 ｜135

孩子疏远了，源于父母的态度 ｜138

孩子不耐烦，不妨与他平等对话 ｜141

第09章　孩子性格有缺陷，父母要进行对照自我反省　| 145

孩子胆怯，父母要鼓励孩子走出去　| 146

孩子自卑，父母要多鼓励　| 148

孩子自私，父母要教会他学会分享　| 151

孩子比较骄傲，可以适当批评　| 153

孩子爱攀比，父母不能掉以轻心　| 156

第10章　孩子认知不够，父母要努力规范他的行为　| 159

孩子懒惰，父母尽量少服务　| 160

孩子喜欢浪费，要灌输"勤俭节约"的意识　| 162

孩子痴迷游戏，想办法转移其注意力　| 165

孩子课堂纪律差，父母要细心引导　| 167

孩子喜欢拖沓，父母要做好监督　| 170

孩子享受"钱"带来的虚荣感父母应反思　| 172

第11章　孩子不够独立，请先给他成长空间　| 175

帮助孩子顺利进入过渡期　| 176

让孩子养成写日记的习惯　| 178

请尊重孩子强烈的独立意识　| 180

鼓励孩子走出门去运动　| 183

面对亲子矛盾，做引导型父母　| 185

孩子有属于自己梦想的权利　| 188

第12章　孩子最需要什么，是足够的爱和尊重　│191

　　　让孩子学会自己依靠自己　│192

　　　让孩子知道为什么努力　│194

　　　找到孩子的成长规律　│197

　　　培养孩子抵抗挫折的能力　│199

　　　别让孩子失去一个快乐的童年　│201

　　　注重孩子的早期教育　│203

参考文献　│206

第 01 章
叛逆孩子不听话，不打不骂不咆哮

大部分父母认为叛逆只是青春期孩子才有的行为，其实不然，在进入第二次断乳期之前，孩子还会有第一次叛逆期，这是孩子从幼儿走向儿童的转折时期。父母要做好心理上的准备，不打不骂不咆哮。

7~9岁叛逆期，这样沟通更有效

孩子正处于心理断乳期，父母应冷静对待

孩子到了2-3岁就会出现一些显著的特征，比如常常表现出探索行为。在探索过程中自尊心快速高涨，孩子非常想要表现自己，所以，这个时期孩子的明显特征就是自主。这一段时期孩子什么都希望"自己做"，对父母的要求和帮助经常说"不要"来拒绝。但事实上，孩子的行为经常受到父母的禁止和限制，这总会引起孩子的强烈逆反情绪，经常以反抗和拒绝来表示自己与父母的矛盾冲突。

在这个阶段，孩子变得十分固执、任性，大部分父母只是认为是孩子个性有些奇怪，并没有进行过多地关注。其实，这并非孩子个性的表现，而是从婴儿期向幼儿期过渡的行为特征。假如父母不能以正确的态度认识这些行为，以科学的方法引导这些行为，对孩子施以正确的教育，就会导致孩子形成不良的个性特征，影响其健康成长。对此，父母要正确认识这个特定时期孩子的行为，为实施对孩子的正确教育找准方向。

孩子在成长过程中，需要经历两次心理断乳期，第一次心理断乳是发生在2-3岁，也就是婴儿期向幼儿期的过渡；第二次心理断乳发生在13-14岁，也就是童年期向少年期的过渡。共同之处在于孩子具有强烈的反抗意识，他们会变得十分任性、固执、出现逆反心理，给孩子的教育带来很大的困难。当孩子处于心理断乳期，父母应该冷静对待，正确教育，积极引导，否则会让孩子形成影响其一生的坏脾气。

第01章 叛逆孩子不听话,不打不骂不咆哮

1.孩子心理断乳期是正常现象

父母要认识到这一阶段是孩子身心发展的必然反应,只是每个孩子反应的时间和程度不一样而已。孩子在心理断乳期年龄阶段身心已达到了相对成熟,可以自由地与父母交流,能够做很多事情,有了初步的思维能力,于是有非常强烈的独立意识,希望自己在家庭中有一席之地,可以与父母平等。

孩子羡慕成年人的生活,渴望独立,这使得他们拒绝父母的关心、帮助,很多时候孩子的行为超出了年龄的允许,是不顾一切后果的做法,不可能得到父母的认同,于是父母和孩子之间产生了冲突。

2.保持平和心态

由于孩子有了强烈的独立意识,渴望从心理上"断乳",使孩子特别容易产生逆反心理。又由于父母对孩子行为的限制甚至惩罚,使孩子的好奇心、求知欲得不到满足,感到自己得不到父母的尊重,于是产生了与父母的对立情结和反感心态,不论父母说得对错,孩子都采取拒绝的态度,并把与父母对抗作为心理安慰从中获得快感。孩子处于心理断乳期,父母要保持平和的心态,首先在心理上做好准备,千万别责怪孩子和自己。

3.对孩子的行为因势利导

父母需要认识到孩子的自立是十分可贵的,需要保护孩子的自尊心和自信心。同时要多引导孩子,学一些儿童心理学知识,详细分析孩子行为的原因,以平等的态度和孩子沟通,因势利导,不要限制孩子做这样做那样,应鼓励孩子去做,让孩子感受到父母的爱,这样可以避免孩子逆反心理的出现。

4.及时纠正错误

孩子处于心理断乳期时,父母要积极引导,不能让孩子凭着性子做事,对出现的错误要及时纠正。很多时候孩子不容易接受父母的建议,一旦自己不合理的要求被父母拒绝,孩子就会使出浑身力气去反抗。这时父母不要觉得孩子大了脾气自然就会改正,而应必须对孩子的错误及时制止。对孩子完全迁就、溺爱,这样会让孩子形成不良的个性。

5.用针对性的教育方法

孩子在对抗父母过程中往往是紧张的,父母可以偶尔对孩子做一些非原则性的让步,让孩子感受到自己的价值。面对与孩子间的矛盾,父母可以采用"不理睬"和"冷处理"的方法,比如对孩子哭、闹、任性等不理会,让孩子冷静下来再进行教育和引导。或者根据孩子个性心理特点,适时用一些针对性的教育方法,因材施教,培养孩子良好的个性品质。

6.与孩子建立亲密的平等关系

父母对孩子的了解不能局限于表象,必须学习心理学的知识,了解心理断乳期。在孩子这一成长阶段,父母需要与孩子建立一种亲密的平等的朋友关系,相信孩子独立处理事情的能力。因为在这个时期中,孩子十分渴望父母的理解。

7.尊重孩子的自尊心

父母要多尊重孩子的自尊心,尽量支持他们,特别是当孩子遭受挫折、失败的时候,帮助孩子分析事情和自己的心理,共同找出一个可以被孩子接受的解决方法。对孩子不合理的行为,父母要加以制止,不过要采取孩子接受的方法,避免伤害孩子自尊心,导致他们封闭自己的心,不再和父母沟通交流。

第 01 章　叛逆孩子不听话，不打不骂不咆哮

8.给予孩子成长空间

孩子是一个独立的生命体，不可以被安排。让孩子独立成长、成熟，似乎让父母失去了拥有孩子的感觉，这对于父母来说是一个艰难的过程。但请父母给予孩子成长的空间和机会，孩子需要经历一些过程，才能够成长和壮大，从而变得更坚强、更勇敢。

孩子叛逆了，父母不必太较劲

孩子叛逆了，不管怎么跟孩子沟通都没有效果，这就是源于父母没有认真思考怎么与孩子沟通。很多父母深有感触地发出感叹：原来与孩子沟通还有那么深的学问，以前与孩子之间的交流始终存在这样或那样的误区！

当孩子处于逆反情绪状态时，父母不必与孩子太较劲，放平心态，以温和的方式与孩子沟通，反而可能有意外的效果。

逆反、总是与父母对着干、不愿意与父母交流……当进入逆反期的孩子出现这些问题时，不少父母会发出这样那样的感叹：之前那么听话懂事的孩子，怎么会随着年龄的增长而越来越难管教了？

当孩子正处于逆反期的时候，如果父母硬碰硬，那必然是毫无用处，不妨学着做不较劲的父母，换个方法来看待，让孩子们快乐地成长。

豆豆4岁了，平时有着健康的作息时间，早睡早起，午休一个小时，每天精神状态也不错。对豆豆妈妈来说，豆豆作息时间混乱，这是不容犯的错。有一次，豆豆妈妈从奶奶那里得知孩子玩了一天没有午睡，她回到家问孩子："宝贝，你中午睡觉了吗？"豆豆很快回答："睡了。"豆豆妈

7~9 岁叛逆期，这样沟通更有效

妈按捺住爆发的脾气，耐心地问："你再想想到底有没有睡？"豆豆依然回答："睡了。"听到孩子撒谎，豆豆妈妈觉得孩子平时肯定承受了很大的压力，所以她强压怒火，轻声地问："宝宝，睡了就是睡了，没睡就是没睡，妈妈很爱你，就算你今天中午没有睡觉。"豆豆马上回答："没睡。"

经过这次教训之后，豆豆妈妈觉得当孩子开始逆反的时候，千万不要较劲，而是要好好沟通。又有一次，妈妈精心准备了豆豆喜欢吃的蔬菜和水果，结果豆豆张口就是："我不吃，不吃。"哄来哄去，豆豆也不吃，妈妈只好作罢，这孩子总有不喜欢吃饭的时候。没想到过了两三天，豆豆的饮食又开始规律了。

当孩子处于逆反期时，沟通是一个讲究策略和艺术的问题。父母与孩子沟通，许多细节方面会决定沟通效果，比如声调和身体语言就可能会决定沟通效果。毕竟，说得对不对不重要，说得有效果才重要，而沟通的效果是由孩子决定的。如果父母每天都在重复没有效果的沟通模式，只会使与孩子之间关系更坏。那么，父母在对孩子说每句话之前，不妨先问一问自己："这样说孩子是接受，还是会拒绝？"毕竟，父母不能用太过直接的方法去改变孩子，因为孩子在每个时刻每件事情里都有拒绝沟通的权利。

1.父母以身作则

当孩子做错一件事情之后，父母需要告诉孩子这件事的对错，不要一上来就指责孩子。父母应该清楚，孩子身上一定会有父母的影子或父母教育的痕迹，孩子的错误当然也有父母的责任。毕竟孩子在很大程度上都喜欢模仿，所以父母要做好榜样，以身作则。

2.理解孩子的想法

处于心理断乳期的孩子有自己的想法,渴望被了解,更渴望被理解。当然,孩子内心会藏着自己的小秘密,父母不要期望他们会完全敞开大门。父母要想了解心理断乳期孩子的心理变化和问题,需要在尊重的基础上再沟通,尊重孩子的自尊心,既要保护孩子的小秘密又要告诉他们不要做不合时宜的事情。

3.保持与孩子沟通的习惯

父母要保持与孩子沟通的习惯,每天不论多忙也要抽出时间和孩子说说话,在聊天时要保持亲切随和的态度,不要带着强烈的目的性,否则会引起孩子的反感。当然,父母在与孩子沟通时,不要唠叨,不要动不动就责怪孩子,需要耐心倾听孩子的苦恼,并积极引导,鼓励孩子独立处理问题。

4.多观察孩子言行

父母平时要多观察孩子的言行,比如眼神、表情、动作,从这些方面可以很好地了解孩子内心的想法。同时需要向老师了解孩子在学校的表现,这或多或少地能反映出一定的信息,细心的父母通过观察就可以发现孩子的一些情况。

5.多与孩子参加活动

父母要多与孩子参加活动,比如一起散步、买东西,多倾听孩子的意见,看到有意思的事情要和孩子一起分享。当亲子之间出现不同的意见时,可以以平等的态度一起讨论,尊重孩子的个性见解。

6.从多种渠道了解孩子

父母可以多了解孩子的朋友,可以常常邀请孩子的朋友来家里玩,通过孩子朋友的言谈举止,了解孩子身心发展,一旦发现个别朋友的不良行

为要及时提醒。同时多和孩子的老师沟通，有的孩子在家里和学校表现是不同的，父母这样做可以比较全面地了解孩子。

7.从孩子缺点中找优点

大多数父母可能忽略了，孩子的每一个缺点都包含着一个优点。比如孩子不喜欢学习，可能是孩子已经熟练掌握学习内容了，有了自我意识，也有可能是学习的环境不好等等。当父母通过分析找出孩子的优点后，就会知道以前自己只是一味地要孩子按照自己的意思去做，而忽略了孩子们对事物的认知和感受。

8.和孩子成为亲密同学

繁忙的父母不妨每天抽出一个小时和孩子一起相处，通过亲子相处时光，让父母认识到培养一个健康、快乐的孩子远比培养一个出类拔萃的孩子重要。对父母来说，养育孩子，平和的心态最重要，少一些焦虑，多一些轻松，学会做不较劲的父母。

孩子反感老师，父母应正面引导

在生活中，有些孩子因为不喜欢某一位老师，就不愿意上这位老师的课，作业也勉强应付，结果师生关系恶化，孩子的成绩直线下降，对此，父母束手无策。所谓"亲其师，信其道"，如何才能使孩子与老师亲近起来呢？

孩子不喜欢老师、"仇恨"老师是导致孩子厌学的直接理由，但是，孩子为什么会那么讨厌某位老师呢？有的孩子没有得到老师的重视，在课堂上很少提问他，没有给孩子一定的工作任务；有的孩子对某科目的学习

第01章 叛逆孩子不听话，不打不骂不咆哮

缺乏兴趣，成绩不好，即使老师没有批评、责备他，他也不喜欢这个科目的老师；还有的孩子因为纪律问题或者个别错误受到老师的批评，使得孩子滋生出"仇视"老师的心理；有的孩子则是被老师冤枉过，但老师又没认真承认自己的失误，使得孩子耿耿于怀，心里因委屈而产生怨恨情绪。

心理咨询室接听了这样一个电话："我姓王，我正在为孩子雯雯的事情揪心，她到一所重点小学上学之后，原来喜欢学习、成绩不错的她英语成绩越来越差，我已经连续好几次被老师请到学校去了。与孩子聊天中发现，雯雯的成绩下滑和她的英语老师有关系，雯雯说，一看到英语老师就烦，根本不想听英语课、也不想写英语作业。但是，经过我的观察，那位英语老师是一位特别负责任，相当优秀的老师。"

心理咨询师问道："你问过雯雯吗？她为什么不喜欢英语老师？"王先生回答说："我问她为什么不喜欢英语老师，她很生气地说'英语测验，我错了五个单词，英语老师罚我每个单词抄写十遍；还有，每天都布置一大堆作业，烦都烦死了。'你说，这该怎么办呢？我该怎么改变她对老师的看法呢？"

对这样的案例，心理咨询师模拟出了这样一个亲子对话：孩子生气地说："英语测验，我错了五个单词，英语老师罚我每个单词抄写十遍，太过分了，我不喜欢这样的老师。"父母关心地说："错了五个单词，老师罚你抄写十遍，如果是我，也会烦心的，我上学的时候，就和你有一样的感受。"孩子问："您上学时也是这样？"父母回答说："是啊，当时也认为老师是在罚我们，不会的题目也要再写几遍，出错的卷面，要反复练习，许多学生对老师有意见，不喜欢老师，结果功课越来越差。"孩子好奇地问："那您对老师没意见？"父母回答说："和你现在一样啊，也不满意，但想到学习是自己的事情，如果我做得更好，老师就没有机会罚我

7~9岁叛逆期，这样沟通更有效

啦。于是，我更加努力，才有机会考入了大学。"

1.不要批评指责孩子

如果孩子不喜欢某位老师，不要批评指责孩子。你需要及时与孩子沟通，耐心询问"为什么你不喜欢那位老师呢？"了解孩子不喜欢老师的真实原因，在倾听过程中，父母不要急于表达自己的态度，而是应关注他的心理，重复孩子话语里的字眼"哦，原来是这样，如果是我，肯定也会感到烦心的"，给孩子一个发泄、倾诉的机会。

2.对孩子进行尊师教育

了解了孩子不喜欢老师的真实原因之后，父母要对孩子进行尊师教育，告诉孩子："老师也是人，和我们一样，难免有缺点、错误，他也不是完美的。可能老师的观点有所欠缺，可能误解了你，这是可以理解的。如果仅仅因为老师的这些缺点而不尊重他们，这是不对的。不管怎么说，老师是长者，是值得你尊敬的。"

3.主动与老师多沟通

另外，父母要主动多与孩子的老师沟通，向老师询问孩子在学校里的表现，取得老师的帮助和支持。同时，让老师多关心孩子，包括提问、鼓励、表扬，设法让老师多给孩子一些关心，比如改作业时详细一些，主动找孩子谈谈心等，这样，孩子很快就会改变对老师的看法。

4.妙用激将法

老师大多喜欢那些成绩优异的学生，而对那些个性比较强的孩子，父母可以妙用激将法："老师不是不喜欢你吗，你就学好他教的课气气他。"这样，孩子成绩好了，与老师的关系自然就会好了起来。

5. 认真倾听孩子的心声

当父母发现孩子对老师有抵触情绪的时候，需要给他创造一个宽松、自由的发表意见的心理氛围。询问"你觉得老师为什么不喜欢你？"让孩子毫不隐瞒地讲出老师批评自己的原因以及自己的态度和接受批评的心情。父母应认真倾听，采取适宜的解决方法。

6. 引导孩子换位思考

一旦发现孩子对老师产生抵触情绪之后，父母应引导孩子站在他人的角度考虑问题和处理问题，比如"如果你是老师，有学生在课堂上开小差，你会怎么办？"创造情景让孩子亲身体会老师的难处，这样能有效改善师生关系，减轻或避免孩子对老师的抵触情绪。父母切忌在尚未明白事实真相之前就粗暴地批评孩子或对老师表示不满，这样不仅不能使孩子得到教育，不能缓解师生之间的矛盾，反而只会增加孩子心中的抵触情绪。

孩子有隐私了，父母别惊慌

对孩子而言，自己已经长大了，有主见了，渴望独立自主，更希望得到别人的尊重和信任。他们喜欢独自思考问题，喜欢将秘密写入日记里。而且，孩子在这一时期已经明白未成年人不愿意公开的日记应属于个人隐私的范围。当孩子知道父母偷看自己的日记，便会认为父母侵犯了自己的隐私，最终的结果是造成双方关系紧张。

对父母而言，孩子一天天长大，生理一天天成熟，不过心理年龄却极不稳定。让父母非常担忧的是，孩子自以为已经是成年人了，渴望人格独立，经常对父母的询问三缄其口，日记上锁，和同学打电话也避开父母，

很少与父母谈心里话。

父母总想知道孩子为什么跟过去不一样了,他们担心自己的孩子因缺乏辨别力和免疫力误入歧途。当孩子不愿意开口的时候,父母了解孩子心理状态及交友情况的最佳办法就是看日记。

日记是孩子的隐私,父母确实不应该轻易翻看孩子的日记。不过,当孩子不愿意开口说出自己的真实想法时,有时会在日记中有所表达。

假如这时父母可以了解到孩子的内心世界和真实想法,然后做出有针对性的指导,对孩子来说是很有益处的。然而,需要提醒的是,这是一个十分严肃的行为,父母在之前必须慎重思考,否则,就会给孩子带来不可弥补的伤害。

1.尊重孩子

父母需要尊重孩子,改变用强迫、指责等消极方式对待孩子,应该给他一个独立的精神空间。父母需要花时间、有耐性,做个有修养的听众,用心倾听孩子的心声,走进孩子的世界,积极发现孩子的优点,并进行发自内心的赞扬。假如确实需要对孩子进行批评,也要私下秘密进行。父母要花精力去了解孩子的需要,和孩子进行思想、感情、生活体验等各方面的沟通,这样孩子心里有事肯定愿意告诉父母。

2.有效增进与孩子之间的感情

孩子有较强的独立意识后,作为父母可以利用吃饭等一家人围坐一起的时候,一起回忆孩子小时候的趣事,有助于建立孩子对父母的亲近感和信任感。周末与孩子一起逛街,在这个过程中父母需要淡化自己长辈的身份,尽可能让孩子带着自己玩,让孩子感到自己也可以对父母产生影响,

从而缩短彼此之间的代沟，这样孩子才愿意对父母说出心里话。

3.与孩子老师建立积极联系

父母需要加强与孩子学校的联系，当发现孩子有什么异常行为时，可通过班主任、老师了解情况，并请他们帮忙做孩子的工作。孩子遇到困难，心理肯定会产生一些变化，而这些变化很容易就会表现在孩子的神情举止上。父母关心孩子，很容易就会察觉到他心情上的变化，从而与他进行沟通来解决问题，这时就无需通过翻看孩子日记来了解他了。

4.避免翻看孩子的日记

假如孩子发现父母在偷看自己的日记，会降低甚至失去对父母的信任感，不利于他的健康成长。如果父母实在不小心看了孩子的日记，他问起来也要说实话，再道个歉，假如孩子想和父母交流就会如实说出自己的想法。假如父母与孩子之间有一定的透明度，孩子有机会向父母展示自己，有机会请父母帮助自己，那才是教育的上策。

5.尊重孩子

父母要充分尊重孩子，不要野蛮地控制他。侵犯孩子的隐私，只会造成他对人性的敏感，排挤周围人，情绪上容易受到波动。孩子不愿意被控制的心理，会让他不停地反抗，回避问题，从而与外界隔离，这样下去父母就没办法与孩子交流，从而失去孩子的信任。

6.理解和支持孩子

父母要从心理上理解和支持孩子，心理上的关爱是父母给孩子最大的财富，适当地给孩子一定的空间，让他能自己解决问题，这也是锻炼孩子独立面对问题的一种方式。

孩子爱顶嘴，父母不能忽视

汉堡心理学家安格利卡法斯博士认为："隔代人之间的争辩，对于下一代来说，是走上成人之路的重要一步。"允许逆反期孩子适当争辩，是有助于孩子摆脱无方向状态的一个途径，这可以使他们知道自己的能力和界限在何处。同时，争执可以让孩子变得自信和独立，在对抗中他们感觉自己受到重视，知道怎样才能贯彻自己的意志。争执也表示孩子正在走自己的路，他们注意到，父母并非总是正确的。

心理学家认为，争执可以帮助逆反期孩子变得自信和独立。在与父母争辩过程中，孩子会感觉自己受到重视，知道应该怎样表达才能实现自己的意志。同时，争执也表明孩子自我意识的觉醒，他们正在试着走自己的路。争辩的胜利，无疑会让孩子获得一种快感和成就感，既让孩子有了估量自己能力的机会，也锻炼了他的意志力。

由于受千百年传统观念的影响，父母总会觉得小孩子见识少、阅历浅、不成熟，又是自己生养的，于是形成了"大人说话小孩子听"的定论。许多父母不允许孩子与大人争辩，他们奉行"父母之命"的教义。孩子只能对父母的话"言听计从"，是决不允许与父母拌嘴、争辩的，否则就是"大逆不道"。实际上，随着孩子进入逆反期，他们的自我意识开始被唤醒，这时父母与孩子争辩是一件有意义的事情。所谓争辩是争论、辩论的意思，是各执己见，互相辩论说理，这样做有利于思想沟通，通过争辩达成共识、解决问题。

父母在教育孩子的时候，经常会遇到他回嘴、反驳、顶撞等情况。面对孩子的争辩，父母明智的做法就是给他争辩的权利，认真听取他的争辩。这样父母可以从孩子的争辩中了解他发生某种行为的背景、条件以及

第01章 叛逆孩子不听话，不打不骂不咆哮

心理动机等，从而进行针对性地教育。同时，让孩子争辩，也为父母树立了一面镜子。父母通过听取孩子的争辩，可以检验自己的教育方法是否得当，说法是否在理。明智的父母常常不把自己的意志简单地强加在孩子身上，而是为孩子争辩创造一个宽松、平等的氛围。而在与孩子争辩过程中，父母应循循善诱，以理服人，不要简单地把孩子的争辩看作是对自己的不敬。

1.孩子争辩意味着其能力的发展

处于逆反期的孩子争辩的时候，往往是他最得意、最来劲、最高兴、最认真的时候。这样做对孩子是很有益处的。允许孩子这样做，还可以营造家庭的民主气氛，提高他各方面的能力，对孩子未来的生活也是大有好处的。

2.允许孩子争辩

父母应该树立一种观念，允许孩子争辩，这并不是什么丢面子的事情。那种认为一旦允许孩子争辩，他就会不听话，不尊重自己，与自己为难的想法是不正确的。孩子与父母争辩，对双方都是很有好处的。

3.制定一定的规则

当然，孩子争辩是应该遵循规则的，也就是说，不允许他胡搅蛮缠、随心所欲，而是要在讲道理的基础上进行争辩。假如孩子违反了争辩的规则，父母自然应该加以制止。当然，父母是规则的制定者，因此在制定规则时要从实际出发，合乎孩子的情况，合乎一般的道理，否则，这样的争辩就是不合理的。

4.给孩子说话的权利

对于许多父母而言,给孩子说话的权利并不能轻易做到。父母在教育子女的时候,往往是只能我说你听,哪里容得孩子争辩?所以,给孩子争辩的权利,需要父母克服自以为是、唯我是从、只准说是、不准说不的单向说教思维定式,而代以尊重孩子、鼓励争辩、勇于认错、善于双方交流的思维方式。

5.事后反思

假如孩子因叛逆思维而带来的毫无理由的争辩,父母事后可以反思,到底是自己没有尊重孩子的意愿,还是孩子确实是在胡搅蛮缠?假如是前者,那父母需要反思自己,是否真的尊重了孩子;假如是后者,那可以仔细观察孩子做出这样行为背后的真实心理,了解之后予以相应的教育方式。

第02章
孩子总是唱反调,父母要摸清背后的真相

当孩子进入第一次反抗期,已经开始显露出叛逆的征兆了,从过去的乖孩子变成事事唱反调的怪孩子。当孩子显露出这些行为的时候,父母要引起重视,注意辨别孩子行为背后的深意。

7~9岁叛逆期,这样沟通更有效

孩子抵抗约束,父母应及时调整自己

第一反抗期是孩子成长过程中的一个重要转折点,孩子这一时期能否顺利度过对他们今后的发展有很大的影响。在第一反抗期之前,孩子的生活都是由父母精心照料的,孩子的自由度较小,随着孩子独立意识的增强,自然要抵抗父母的约束。孩子出现逆反意味着长大,父母只有及时调整自己,适应孩子的变化,才可以做到与孩子一起成长。

在这一阶段,孩子开始对父母说"不",周围的事情他们都想大包大揽地干上一番,表现得非常自以为是。这时的孩子身体已经相当协调,能跑能跳,能抓能捏。他们进入了独立欲求的第一个反抗期,逆反是这个时候孩子的常见表现,总是对父母或者老师的要求做出一些故意反抗的行为。

心理学家认为,2岁的孩子自我意识开始萌发,"我"字当头,想着反抗权威,所以往往与父母对着干,这就是孩子的第一反抗期。孩子表现得比较激烈,寻求强烈刺激,以发泄心中的不满。

1.拒绝孩子时给予合理的可替代的东西满足他

对于孩子提出的要求,能满足的尽可能满足。比如孩子夏天想吃冰淇淋,就让孩子吃一个;不过冬天冷,孩子想吃也不能给他吃。父母认为这

是无理的要求,不过孩子却认为这两种情况是一样的,没有无理和合理的区分。当孩子提出所谓的无理要求时,可以用眼神、手势等简单否定方式让他懂得,这个要求父母不同意。但是,在拒绝孩子这个要求的同时,要给他合理的另一件东西满足他。比如不能给冰淇淋,可以给一块小蛋糕,只是拒绝,没有给予,就达不到教育目的。

2.教孩子怎么做好一件事

这一阶段的孩子总是做不好一件事,心里着急,就容易发脾气。这时父母可以教孩子怎么做,比如,孩子玩积木总是滑下来,可以教孩子如何取得平衡;孩子投球老是投不准,接球又接不住,可以教他投掷,接应时,手的放和收的技能等。

3.引导孩子如何发脾气

遇到不愉快的事情,产生了不愉快的情绪,发泄比憋在心里要好。当父母发现孩子不听话而生气的时候,不要对着孩子发泄,可以找一个枕头来代替孩子。当孩子想发火的时候,引导孩子不要朝父母发脾气,而是把怒气发到布娃娃身上。

孩子形成健康的自我,父母应多鼓励

在孩子的自我发展中,由于受自身心理发展水平的限制,尤其是认识发展水平的限制,孩子自我认识的发展的总体水平还是比较低的,他们还不能对自己进行独立、客观的评价,而往往会按照父母的评价标准来评价自己。特别是孩子形成自我的第二个阶段,在这个阶段,父母的鼓励与支持是能够促进他们对自己积极的情感与态度的,而孩子能够接受自己,对

自己形成积极的情感与态度,那他们就更有可能形成健康的自我。

所谓"自我",指的是人们依据周围环境发展而形成的有关自己的情感和态度。而"健康的自我"指的是人们按照周围环境的反应发展而形成的有关自己的正确认识及积极的情感和态度。假如孩子形成了健康的自我,就会使他们意识到自己在这个世界上是有价值、有力量、有能力、有位置的。

这将帮助孩子树立起自尊心、自信心,获得客观的自我知觉、积极的自我意向与公正的自我评价,为他们人格的和谐发展奠定坚实的基础。反之,就会使他们产生自卑之感,丧失基本的自尊与自信,并导致自我知觉失真、自我意向消极、自我评价不公,从而使得人格的发展陷入混乱状态。

妈妈下班后去幼儿园接孩子,结果却听到老师说:"宝贝中午睡觉时尿床了,你赶紧回家给他换一下衣服吧。"听到老师的话,妈妈很生气地对孩子说:"昨晚你尿床了呀,怎么回事啊,最近老是尿床,你都是大孩子了,怎么老是尿床呢?"在场的几个小朋友听到了,都开始偷偷笑,孩子非常难为情,委屈地哭了起来。

孩子平时看起来非常腼腆,为了让孩子更有男子汉气概,妈妈常常找机会要求孩子在人多时表现自己,不过孩子总是不配合。每当这时候,妈妈总是忍不住抱怨:"你这孩子,怎么这么没用啊!"以后,孩子不论做什么事情总会想到妈妈说过的这句话,变得更加胆怯。

过年,孩子收到了爷爷奶奶许多压岁钱,非常高兴,他向小伙伴们炫耀:"我有钱了,可以买自己喜欢的玩具了。"他把钱叠得整整齐齐,放在自己的小抽屉里。有一天,妈妈急着用钱,于是就把孩子抽屉里的钱取了出来。孩子回家后,发现钱被妈妈拿走,当即哭闹起来。

第 02 章　孩子总是唱反调，父母要摸清背后的真相

孩子对自我的认识过程，大概包括对以下三个问题的回答。第一个问题是："我是谁？"孩子要回答这个问题，需要有意识地了解自己——了解自己的身体、优缺点、兴趣、爱好，了解自己生活圈子里的父母、教师、同伴等等。第二个问题："我是什么样的孩子？"孩子了解自己后，慢慢明白"原我是这样的"。不过他们能否正确地认识自己并在此基础上接受自己，却在很大程度上受成人和同伴的影响。第三个问题是："我往何处去？"孩子了解并接受了自我对自己今后的目标和计划也有了模糊和朦胧的意识，并对自己将来要做什么，想有什么样的成就等问题开始有了兴趣。

孩子在开始认识自己的时期，有着一种矛盾心理：有心自己做事，又担心弄得失败。所以，假如孩子失败时，父母说："你看，你不按妈妈教的做，搞砸了吧。"结果，孩子就会慢慢失去信心，容易变成依赖父母的消极孩子。

于是，父母总是感叹：孩子缺乏积极性。不过在这时父母可以反省一下，是否是自己扼杀了孩子想要自立的萌芽呢？尽管孩子开始认识自我，不过还缺乏自信，有时还会故意和父母作对，违背父母意志。在这个时期父母培养孩子的过程中态度如何，对孩子的人格形成将起到很大作用。

1.熟练掌握和运用爱的策略

孩子健康的自我是通过人与人之间的互动形成的，父母应帮助他们以满腔的热诚、富于同情与仁爱之心走向社会，建立良好的人际关系。父母在与孩子相处时，要熟练地掌握和运用爱的策略。

善于向孩子表露自己的喜怒哀乐，成长的情感世界通常比较内隐、含

蓄，孩子的情感表达则直接而外露，这就要求父母将自己的情绪体验充分地表露在孩子面前，以达到交流的目的。当然，父母还要善于真诚地向孩子坦露心迹，表达自己个人的一些内心感受，使孩子看到一个真实的父母形象，从而进一步强化彼此的情感联系。

2.创造和谐的家庭环境

在平等和谐的家庭环境中，孩子能够自由表达自己的兴趣和爱好，表现出自己与别人的不同之处。在这样开放的环境里，人际关系亲密、安定、平等、合作，大家彼此尊重和关心他人的自我，而不是以自己的自我去强求别人。父母在与孩子交往时，要把自己与孩子摆在一个平等的位置上。

3.采取"不加判断"的态度

父母要常常鼓励孩子做自己力所能及的事情，并在孩子缺乏自信时给予开导、支持和鼓励，更重要的是，父母不要以自己的需要、要求代替孩子的需要和要求。为了增强孩子的自信心，父母应该采取"不加判断"的态度。

当孩子有某种经验、反应、感受时，父母必须把它看作是一种现实存在或真实表现加以接受，并鼓励他们坚持自己的观点。父母只有真正接受孩子的现实，孩子才有可能接受自己，并认为自己是有价值的人，是值得被注意和接受的。在这样基础上，孩子才能形成乐观的、积极的对自我的态度和信念。

4.严格遵守与孩子的约定

父母一旦承诺为孩子保守秘密，就要严格遵守。假如不慎说了出去，一定要及时向孩子道歉，以得到孩子的谅解，同时也做好父母的榜样。

5.培养孩子对父母的信任感

孩子的隐私具有相对性，对不信任的人是隐私，对信任的人就不是

隐私了。对此，父母需要尽量可能通过关怀、尊重等方式争取赢得孩子的信任。

孩子自我探索，父母巧妙引导

孩子在自我意识成长的过程中，必将经过一个矛盾的阶段：一方面，孩子渴望独立，摆脱父母的控制；另一方面，在生活上、情感上又对父母有着依赖。这样矛盾的状况会造成孩子比之前更粘父母，担心父母会离开，同时又会不断挑战父母的权威，和父母唱反调。

由于孩子的自我尚未真正建立，在独立和依赖之前来回游离。在孩子未来的成长过程中，这一现象还会不断重复，孩子未来究竟可不可以实现真正的独立，父母的态度是关键。

科学研究表明孩子的逆反期通常分为三个阶段：2-3岁的宝宝逆反期，6-8岁儿童逆反期，14-16岁青春逆反期。逆反期的孩子通常会有这样的一些典型的表现：破坏性强，喜欢摔东西、拆玩具、乱写乱画、撕书，或故意把玩具丢的满地都是；坚持要某一件东西，即便是外表相同的也不要；坚持要穿某件衣服某双鞋，即便不符合季节；想要做的事情坚决要做到，否则就大哭大闹；在公共场合坐地耍赖、打人；父母要求的事情偏偏不做，越是禁止做的事情越要做；不理睬父母，宁愿自己玩，也不和父母一起玩；故意破坏之前定好的规矩；层出不穷的提出新的要求；和父母讲条件，要达到要求才肯做事；和别的小朋友玩耍时，争抢同一件玩具；不愿意和别人分享玩具，不过又喜欢抢别人玩具，严重时还打人……

同时，由于孩子语言能力尚不发达，还不懂得通过语言来社交，所以

这一时期的孩子在与人交往中会有一定程度的攻击性行为，而且乐于观察他的攻击所带来的效果。

1.耐心对待孩子的情绪表达

孩子情绪激动时，父母千万不要和孩子讲道理，当孩子大哭时，父母可以抱着孩子或者到安静的地方，静静地听孩子哭一会，让孩子平静；帮助孩子搞清楚为什么哭，是哪一种情绪，伤心还是愤怒；对孩子表示同情和理解；等孩子情绪平静了，提出新的办法转移注意力。

2.了解孩子的需求

孩子和父母在一起的时间长，和父母最为亲近，要想了解孩子的需求，父母只有平时多注意观察，多学习教育孩子的知识，多和孩子交流。父母要充分理解孩子要自己尝试、独立表现的要求，尽可能多创造一些条件，让孩子的要求得到适当的或充分的满足。

3.因材施教

叛逆期的孩子问题较多，父母应按照不同的情况采用不同的方法巧妙引导。比如父母让孩子吃饭，孩子偏不吃。父母可以采用激将法，要求孩子不准吃饭，孩子反而拼命要求吃饭。不让孩子关灯，孩子反而要求关灯。不过父母在使用这个方法时语气尽可能要真实平静，按照孩子情绪适当做调整。

又比如为了吸引父母注意力孩子到处扔东西，这时父母要假装没看见，继续和家人聊天。孩子看见没引起自己想要的效果，自然会停止这样的行为。

4.制定规则要科学

叛逆期的孩子一方面不断挑战规则，另一方面又不断追求规则。假如规则混乱，孩子就会缺少安全感。父母在制定规则时要讲科学，规则一旦制定，就必须遵守。不制定超过孩子能力的规则，比如要求孩子上课不走神等；尊重孩子的需求，有时孩子只是要求自主行动，比如要自己穿衣服，自己吃饭，不应当因为大人怕麻烦而禁止孩子做。

儿童性教育，父母别再羞于启齿

心理学家认为，性教育绝不是可有可无的，它的影响将伴随着孩子的一生，就好像弗洛伊德所说，你今天的状况和幼年有关。父母应该意识到儿童性教育的重要性，必须摒弃过去谈"性"色变的态度了，必须改排斥为循循善诱，即便尴尬，也不容回避这个严重的问题。

孩子从三四岁到上小学的这段时间，求知欲特别强，对身边的什么事情都想打破沙锅问到底。现在电视上大多有拥抱、接吻和床上戏的镜头，对于好问的孩子而言，可能会提出许多让父母难以回答的问题，诸如"孩子是从哪里来的？""避孕套是做什么的？"等。

北京的一所大学对4个年级的学生进行了一次随机抽样调查，从影视作品、互联网、书报、杂志上获取性知识的占81%，而从父母那里获取的只占0.3%，少得实在可怜，约30%的母亲在孩子来月经之前没有告诉孩子月经是怎么回事和如何处理。

很多父母没有性教育的经验，甚至自己就是性知识的"文盲"，当孩子问及性知识方面的问题时，扭扭捏捏，总是说些模棱两可、似是而非的

话,即便是有性知识的家长,也不敢和孩子开展关于性知识的对话。

妍妍是一个既聪明又漂亮的女孩子,刚上小学二年级。有一天,她放学回家问妈妈:"妈妈,你说我是怎么来的?"妈妈先是愣了一下,然后微笑着说:"你是爸爸妈妈爱的结晶啊,是爸爸妈妈孕育了你呀。"妍妍恍然大悟:"哦,原来是这样啊,我同学说他是妈妈在垃圾堆捡来的。"

周末,妈妈带着妍妍约了朋友一家去游泳。妍妍穿着漂亮的泳衣欢快地玩水,朋友的孩子是个男孩,他只穿了个裤衩在水里游。妍妍见状,问妈妈:"妈妈,为什么他不穿衣服呢。"妈妈回答说:"因为他是男孩子啊。"妍妍又问:"那么我也可以不穿衣服吗?"妈妈回答说:"不行啊,女孩子就要像你这样,穿得严实一些,这是保护自己,男孩子可以不穿上衣,他们穿短裤就行了。""哦。"妍妍似懂非懂地点点头。

中国父母在对孩子的性教育上有几个明显的误区:许多父母由于自己在成长过程中没有接受过性教育,因此他们按照自己的成长经验,认为孩子不需要性教育;父母对性的问题持回避以及排斥态度,他们担心说多了会诱导孩子,说少了又怕说不清楚;认为性教育是青春期教育;有的父母平时穿衣服不太注意,经常在家里穿着暴露,结果孩子耳濡目染,没有性别意识。

据新闻报道,英国多塞特郡普尔市一名13岁男孩和一名14岁女孩偷吃禁果后,导致这名女孩怀上身孕,生下了腹中的胎儿,男孩因此13岁就当上了爸爸,一举成为英国最年轻的父亲之一。诸如此类的事例并不仅仅只存在英国,世界各地层出不穷的关于少年爸爸少女妈妈的新闻,震惊了世界。

对于孩子的性教育,必须重视以下三个阶段:

1.幼儿期——适度引导

幼儿期指的是3-6岁的孩子，实际上性教育最早在2岁开始。在这一阶段，孩子喜欢玩一些"性游戏"，比如接吻、结婚、生孩子、抚摸生殖器官。假如父母看到这样的情况，不要觉得紧张，孩子玩这些游戏只是在生活中看到的事情进行模仿而已，也不要粗暴地打断他们。假如孩子发现抚摸别的部位，父母都不会在意，唯独抚摸这个部位，父母态度马上紧张起来，孩子就会故意、经常抚摸那个部位，以引起父母的注意。

这时父母可以想办法分散孩子的注意力，比如捉迷藏游戏，而不是故意去打断他们。对能听懂话的孩子，可以告诉他们身体的某些部位是不能让别人看或触摸的，比如胸部、生殖器官，同时也不能看或触摸别人的这些部位。父母要有耐心地向孩子灌输自我保护的观念，嘱咐孩子假如有人触摸了这些部位一定要告诉爸爸妈妈。

3岁以上的孩子，已经可以跟父母分床睡了。年龄再大些，假如条件允许的话，尽可能分房睡，以免父母过性生活时对孩子造成负面影响。即便不能分居，也应该挂个帘子。

2.儿童期

6-9岁的孩子正处于性欲的潜伏期，容易受他人或传媒影响，接触到一些有关性的不正确的信息，这时他们需要父母的帮助了解性别角色。父母最佳的教育方式就是当电视里刚好出现亲热镜头或报纸上的小故事，对孩子借机进行性教育。这时父母势必要成为孩子成长过程中最佳的性教育指导者，一旦孩子对性有了疑问的时候，孩子第一个想到的就是请教父母，而不是问其他人。

这一阶段父母要改变传统思想，认真解答孩子提出的关于性的问题，赢得孩子的信任。一旦发现孩子接触黄色视频时，不要辱骂孩子，而是应

引导孩子阅读正确的性教育读物。

3.青春期

在孩子青春期时，尽管学校会开一些专门的课程，不过父母并不能对孩子的性教育就此停歇，反而需要更加放在心上，协助孩子度过青春期。进入青春期的年龄，女孩在10岁左右，男孩大约在12岁左右。

通常父母会对女孩子比较注意，而容易忽视对男孩的关注，主要是因为女孩子有青春期来临的明显标志，比如月经来潮，而男孩子就不会那么明显了。不过男孩子也会出现遗精、变声、长喉结等现象。父母需要注意的是，青春期男孩子会开始有自慰的现象。

这一阶段，父母可以引导孩子通过别的方式，比如运动来释放能量，减少自慰的次数，不要给青春期孩子穿太紧的衣服，比如牛仔裤，建议穿宽松的裤子。父母可以多给孩子拥抱、拍肩膀等动作，给孩子一些亲密的触碰，有助于减轻孩子因青春期身心变化而带来的焦虑。

孩子精力旺盛，父母培养其注意力

心理学家认为，处于逆反期的孩子做什么事情都以目标导向为基础，他们个性独立，不喜欢向人寻求帮助。这样的孩子需要的是较为自由的空间，假如父母总习惯性地对他们加以限制，打击他们脆弱的自尊心，那就会让他们积极主动的天性受到伤害。

小川这个孩子有点叛逆，多变。妈妈感到这个孩子很复杂，一会儿温顺如羊，一会儿暴躁如虎。有一次妈妈带着他去旅游景点，由于到得比较早，当时景点的大门紧闭，周围没有一个人，再加上北方的天气，秋天早

晚已经很凉了。全面紧闭的大门，顶着瑟瑟的秋风，小川说："妈妈，公园的门不高，这里又没人管，我们不要在这里傻等了，爬进去吧！"妈妈在想，孩子怎么能这样呢？

后来妈妈上网搜看了相关文章，才发现原来小川正处于逆反成长期。这样的孩子外倾性比较明显，情绪兴奋性高，抑制能力差，反应速度快，精力旺盛，不过不稳重，喜欢挑衅，脾气暴躁。面对这样的孩子，该怎么办呢？

心理学家指出，逆反期孩子比较有主见，性格直爽，不拘小节，自我控制能力比较强，且有较强的支配力，不希望受他人的支配。他们最大的特点就是性格急躁，遇到事情容易做匆忙的决定。他们好像总是安静不下来，不是坐着乱动，就是四处走动，有时还会做出种种夸张的举动。

小贴士

1.宜软不宜硬

由于孩子精力比较充沛，积极热情，喜欢说话，同时他们也喜欢惹事生非，因此父母对这样的孩子就是提醒他们遵守纪律，学会控制自己的行为。即便想要对他们进行批评时，也需要注意自己的口气和语言，不要大声训斥，更不能激怒他们。假如父母由于孩子写作业写得很潦草，就大声对他训斥，有可能孩子非但不会好好写作业，反而会将作业本撕了，或是干脆不写作业了。

2.别对孩子失去耐心

孩子需要爱，父母需要学会理解孩子。不过，在面对逆反期孩子时，许多父母却容易失去耐心。实际上，这时父母是没有给孩子足够的爱，不管孩子是属于哪种类型的气质，都需要被爱。假如对孩子的教育离开了这

个爱的前提，那根本达不到教育的效果。

3.引导孩子磨练他的耐心

孩子自制力和感情平衡能力都比较差，父母需要引导孩子磨练他的耐心，用行为削弱其气质弱点。父母可以告诉孩子：当你做决定之前，可以咨询父母是对是错。当孩子没办法面对一些事情时，父母可以告诉孩子冷静的方法：深呼吸、放松。这样可以让孩子安静下来，从而达到培养耐心的目的。

4.别强迫孩子去改变

父母不要强迫孩子去改变，任何孩子都不应该因为父母的喜好而改变自己，这样的教育对孩子成长是极为不利的。假如孩子感觉到了强迫，他们就会反抗。同时父母要控制好自己的情绪，不要向孩子的暴躁脾气屈服。当然，对孩子也不要语出讽刺，诸如此类的方式只会导致相反的效果。

5.对孩子进行"延迟满足"

父母对待孩子的态度要平静，不过也要严格，和孩子说话要平和、冷静，切忌高声叫喊，帮助孩子克服不安静和急躁的特点。平时可以让孩子做一些安静的游戏，比如画画、下棋等，培养孩子的耐性和理性思维。假如孩子提出不合理的要求和愿望，父母可以进行"延迟满足"，来培养孩子的耐心和自控力。

6.思考孩子为什么会这样

父母在面对孩子发脾气时，不是马上处理，而是需要退一步去思考，孩子为什么要这样去做？孩子怎么会有这样的情绪？父母可以把这件事放到第二天去处理，同时引导孩子回忆自己做错事情的过程，这时不要用责备的语气，可以客观地询问孩子当时发生了什么事情，这样利于帮助孩子

跳出那种强烈情绪，理智地看待自己做错的事情。

7.给孩子讲道理

逆反期孩子很容易发脾气，不过他们很讲道理。父母在孩子因为冲动犯错时，不要对孩子动不动就发火，在事情发生之后可以用平静的语速和声调与孩子讲道理。父母这样做，孩子比较容易听话，那教育的成效也是比较大的。

8.培养孩子的注意力

通常而言，逆反期孩子的情绪比较亢奋，很容易分心。在平时生活中，父母不要打扰正在专心致志的孩子；父母若是发现孩子的兴趣，那需要从兴趣上培养孩子的注意力，延长孩子的注意力时间；父母可以选择一个事物让孩子凝视，随着视野变小，孩子的意识和精神也就慢慢集中起来，心里也会慢慢地平静。

孩子打破砂锅问到底，父母应保护其求知欲

每个孩子都是有好奇心的，但有的孩子也许也好奇了，但他还没有在搞懂问题之前就把这个问题忘记了，也可以说这样的孩子好奇心不够，这样就促使了孩子们失掉了开阔知识面的好机会。所以，要想孩子拥有广博的知识，要想激发孩子大脑的潜能，父母首先就应该让孩子保持强烈的好奇心。

处于逆反期的孩子对世界充满着未知的好奇心，如果父母要想孩子的大脑潜能得到充分的开发，最重要的一点就是让孩子保持强烈的好奇心。同龄的孩子，他们所掌握的知识面也大有不同，有的孩子对一些简单的事

物都难以理解，但有的孩子却了解到了高年级的一些知识，究其原因就在于孩子的好奇心。

爷爷来了，在小泉家住了好些天。早上，爷爷和爸爸戴着眼镜看报纸，睡眼还没有睁开的小泉坐在沙发上观察他们。一会儿，妈妈端来了早餐，爷爷和爸爸都放下了报纸，爷爷拉着小泉一起吃早餐。

小泉看着放在书桌上的两副眼镜，心里痒痒的，想知道它们有什么不同呢？小泉匆匆吃了两口，就溜下了桌子，拿着两副眼镜在沙发上摆弄了起来。他拿着眼镜放在眼前看来看去，他先戴上爷爷那副眼镜，感觉眼睛发涨，看着地上都是凹凸不平的，他赶忙摘了下来，地面还是平的。他又戴上了爸爸的眼镜，感觉眼睛有点疼，看旁边的东西好像没有变化一样，不过看远处看得比较清楚些。

后来，他尝试把两副眼镜叠在一起观察，当他一手拿着爷爷的老花眼镜，一手拿着爸爸的近视眼镜，这样一前一后放在眼睛前面观察时，他发现远处大楼上面的一只鸽子出现在自己的眼前。这一发现让小泉很吃惊，他一个人在客厅大叫起来："爸爸，你快来看哪，我看到了那大楼上的鸽子！"正在忙着打电话的爸爸没好气地说："小声点，别瞎去碰我们的眼镜，当心弄坏了我可要收拾你。"妈妈责备的眼神也看了过来，小泉默默放下眼镜，走开了。

小泉显露出来的是好奇心，只可惜并没有受到父母的关注，使得其大脑潜能未能达到如期的开发。在日常生活中，父母需要有意识地保护孩子的好奇心，让孩子不断地追寻新奇的知识，不断在玩中学到知识。

当孩子遇到不懂的问题，或看到不理解的现象时，孩子心里就会出现像小泉那样"心痒痒"的感觉，这就说明了他具备了强烈的好奇心。

一个孩子的好奇心达到了强烈的程度，他会在问题没有得到解答之

前，吃不香饭，睡不着觉，一直到弄清问题为止。因此，对于父母来说，培养孩子的好奇心，让孩子永远保持一颗好奇心，就要有意识地引导孩子对新事物产生浓厚的兴趣，并且在这一过程中切忌打击孩子的积极性。

小贴士

1.认真倾听孩子的问题

虽然孩子已经进入了小学中期的学习，他们已经掌握了一定的知识，但他们仍然会产生许多问题，"爸爸，为什么太阳落下去天就黑了？""为什么飞机能飞翔？"几乎每位父母都会遇到孩子们这样的问题。这些在父母看来很平常的事物，在孩子看来却充满了神秘，他们非常好奇，渴望得到答案。好奇心是孩子比较好的素质，作为父母应该予以很好的保护，尤其要耐心地倾听孩子的问题。

有的父母在面对孩子这样幼稚的问题时就会表现得很不耐烦，或者随便敷衍一下。其实，这时候孩子的自由意识已经开始萌芽了，他们也有自尊心，能感受到父母这种不耐烦的态度，这会使孩子的自尊心受到伤害，下次再遇到不明白的他就不会向父母发问了。在这样的情况下，大多数孩子的好奇心就被父母那种不耐烦的态度给无情扼杀了。所以，无论孩子问的问题有多幼稚，父母都要耐心倾听，以认真的态度来对待孩子的提问。

2.引导孩子积极思考

父母在保护孩子好奇心的方法不同也会导致不同的差异，有的父母直接告诉孩子们正确答案，以为这样就满足了孩子的好奇心心理，其实，这样直接获得的答案让孩子们很快就忘记了，而且他们逐渐在这种过程中失去了好奇心带来的乐趣。若父母不直接告诉答案，而是积极引导孩子，让孩子主动通过探索来获得知识，在鼓励孩子建立自信的同时，给予适当的

帮助，这样不但引发了孩子们好奇心，还会引导孩子积极地思考。

3.让孩子在探索中体验快乐

有的父母总是抱怨，孩子特别能"搞破坏"，常常把家里的东西拆了。其实，这就是孩子因为好奇心对事物进行的探索过程，作为父母应该正确地引导孩子，让孩子明白他的"好奇心"所带来的影响，可以鼓励孩子孩子将破坏的东西拼装起来，还可以和孩子研究事物的结构，引导孩子积极思考，这样既满足了孩子的好奇心，又让他在快乐探索中得到了学习的乐趣。

好奇心是孩子们学习和成长的前提条件，父母应该以孩子的视角去看待他们的行为，保护孩子的好奇心，给孩子一定的空间去探索，给予孩子鼓励与支持，让孩子们感受到好奇心带来的乐趣与知识。

第03章
孩子情绪多变，父母要细心开导巧安抚

孩子进入逆反期，情绪也会处于逆反状态。逆反期的孩子经常对父母有所不满，因为伴随成长而来的自我要求，总是和父母的规定发生冲突。这时父母必须尽全力克服这种过渡期困难，让孩子顺利地成熟长大。

孩子怕黑，父母就培养其独立性

心理专家认为，幼儿期是培养孩子独立性的关键时期。这时需要父母给孩子准备一个独立的房间，起初可以在孩子睡前陪伴孩子，告诉孩子自己会在他身边陪着，用手抚摸给予安慰，等孩子睡着之后，父母可以离开。

等到第二天孩子醒来，父母可以表扬孩子："一个人乖乖睡着了，宝贝真棒！"以此强化孩子独立的能力与意识，孩子在自己独立的房间睡觉，需要独立面对黑暗，在这个过程中孩子要学会自己处理恐惧等负面情绪，同时意味着孩子开始独立了。假如父母为了让孩子不害怕，总是无微不至地关怀，那孩子就容易陷入"黑暗恐惧症"。

张女士最近很是苦恼，因为8岁的孩子月月在日记本上写了这样一句话："每到晚上，我就开始害怕，卧室的灯熄了，爸妈都已经睡了，只有我一个人怎么也睡不着，我只能躲在被窝里，不敢把头伸出来。"

孩子月月正在读小学二年级，她很怕黑，从很小的时候就开始了，有时她甚至会要求跟爸妈同住一个房间。而且总是开着灯睡觉，偶尔关灯也是爸妈看着她睡了才关上的。张女士觉得孩子胆子太小了，有意识地会锻炼她，比如规定她上床之后关灯睡觉。然而，这对月月而言却是一件极其恐怖的事情，她告诉妈妈自己会感觉到身边有些可怕的东西存在着，比如鬼怪之类的。几乎每天晚上她都是从噩梦中睡醒，哭着找妈妈。对此，张

女士非常担忧,不知道该怎么办。

患有恐惧症的孩子大多数比较胆小、独立性较差。根据张女士反映,月月在班上几乎没有什么朋友,独来独往,适应新环境的能力很差,这与父母的教育方法是相关联的。处于婴幼儿时期的孩子大部分会在黑暗中苦恼,让他们恐惧的不是黑暗本身,而是在黑暗中看不到自己亲近的人,视觉上的分离感引发了孩子的不安全感体验,这实际上是一种对父母的依恋情结。

心理学家认为,现在有许多孩子都很怕黑,因为在黑暗中就会想到鬼从而感到害怕,这种纯粹的害怕"鬼"的孩子,他们的生活实际上并不会受到严重干扰。在案例中,月月的症状表现为不正常的、极度的惧怕,而且严重影响正常生活,这些带有疾病性质的惧怕可以诊断为"黑暗恐惧症"。

对此,心理专家建议:父母要意识到过度保护孩子,只会让孩子越来越胆小。因为父母的保护就是告诉孩子,一个人睡觉确实比较危险。恐惧症惧怕的事物本身是比较普通的,在一般人看来是不需要害怕的事物,不过因为父母无意识地提醒孩子避免这一情况的出现,结果反而强化了孩子焦虑、恐惧的情绪。

小贴士

1.随时关注孩子思想感情的变化

孩子一旦产生恐惧感,父母就要考虑这是否与他的年龄相称。在平时生活中父母要随时关心孩子思想感情的变化,以及恐惧持续的时间。孩子在恐惧时是否什么事情都不想做,不肯一个人去睡觉,不愿意去上学,甚至不敢离开父母?父母需要弄清楚原因,然后及时处理。

2.别误导孩子的情绪

孩子从三岁时开始对黑暗产生恐惧，假如这时父母骂孩子是胆小鬼，吓唬孩子不准哭，这将会大大地误导孩子的情绪。父母应该向孩子说明事情的真相，在孩子看来令人恐惧的事物被父母一语点破，他自然会相信自己是安全的，内心的恐惧感也会随之消失。

3.帮助孩子克服恐惧感

不管孩子担心什么、害怕什么，父母应当告诉他们害怕是真正的心理现象。平时父母要多和孩子交谈，给孩子讲一些常识，这是帮助孩子克服恐惧感的最佳方法。等到孩子明白道理，心境平和了，父母可以帮助孩子对可能发生的事情做好心理上的准备。

4.鼓励孩子多接触黑暗的环境

对于患有黑暗恐惧症的孩子而言，父母应鼓励他们多接触黑暗的环境。刚开始父母可以与孩子一起尝试，直到孩子适应为止。在这个过程中，孩子如果感到害怕，父母可以建议孩子做深呼吸，或者鼓励孩子大声地叫出恐惧的感觉，然后让孩子独立地呆在黑暗环境下直到适应。当然，这并不能一蹴而就，父母可以按照孩子的情绪状况循序渐进，适时给予孩子鼓励与表扬。

5.避免让孩子接触鬼怪、恐怖之类的故事和电影

当然，恐惧黑暗与听过鬼怪故事、看过恐怖片有一定的联系。父母需要注意，不要和孩子过多地谈论鬼怪的故事，也尽可能不要让孩子看恐怖片。假如孩子经常会想起鬼怪之类的事情，父母需要尽可能地让孩子在闲暇时间多参与有趣的互动式活动，培养孩子积极向上的兴趣爱好，引导孩子转移注意力。

孩子敏感脆弱，父母要多给予安全感

逆反期的孩子有时会内心脆弱，敏感多疑，似乎天生就被一种焦虑和不安全感笼罩着，在幼年时期他们最重视的就是自己的父母，害怕自己受到父母的冷落，得不到父母的支持。所以，孩子敏锐的洞察力是从预测父母的态度开始发展的，且在察言观色的过程中学会了犹豫不决。

这样的孩子在童年时期有一种无助感，总感觉自己是被孤立的孩子，随时充满了焦虑，慢慢长大后，又从焦虑情绪中发展出怀疑的特质。所以，孩子对父母的感情是充满矛盾的，一方面获得肯定想要服从，另一方面又因为未能获得信任而开始蓄意反抗。

小艾从小就是一个敏感多疑的孩子，尚处于婴儿时期，爸妈如果假装生气说了几句话，她就会哇哇大哭。到了两三岁，由于爸妈很忙，小艾就跟爷爷奶奶生活在一起，就更加敏感多疑。有时，她会呆呆地问妈妈："妈妈，你爱我吗？"妈妈这时总把小艾搂在怀里，安慰说："你是妈妈的小棉袄，妈妈怎么会不爱你呢？"

上学之后，爸爸妈妈更忙了。小艾性格越来越内向，她经常看到同学几个凑在一堆说笑，不时看看自己，她就怀疑：他们是在说我吗？大家都不喜欢我吗？而小艾回到家之后，总是爷爷奶奶在家，她害怕，甚至开始怀疑自己是不是爸妈亲生的孩子。否则，爸妈怎么会不爱自己呢？

小艾是典型的怀疑型孩子，几乎从她出生开始，就会下意识地寻求家中保护者的认同，以求获得安全感，这个保护者可能是父亲，也可能是母亲，也可能是其他人。他们会强有力地内化自己与这个保护者的关系，而且在整个成长的过程中维持和这个人的关系。

假如孩子认为这个人是慈爱的，可以为自己提供勇气，那孩子在长大

后也会从其他人那里寻找到相似的指导和支持。他们会尽自己的最大努力来取悦这些人或是群体，尽职尽责地按照既定的原则和指导方针办事。

假如在孩子看来这个保护者是暴力的、不公正的，那孩子将会通过自身与权威的这种内化，认为自己总是无法与他们认为强于自己的那些人相处，所以对生活充满恐惧，担心自己会受到不公正的处罚，这时他们就会采取防御措施，对保护者采取极端的态度。

小贴士

1.让孩子感觉到爱

孩子的内心已经十分敏感，父母稍微有一点点疏忽，都会让孩子觉得父母可能不爱自己了，他们总会幻想出一些没人爱自己的孤独画面，这样会更加重他们的怀疑。所以，不管父母有多忙，都要尽量多抽出时间陪伴孩子，让孩子确实感觉到父母是爱自己的。

2.尽可能多鼓励孩子

孩子对这个世界的一切怀疑源于内心的不自信，内心自卑导致了其敏感多疑的性格。在生活中，父母要尽可能的多鼓励孩子，当孩子完成一件事情之后，称赞孩子"宝贝，你真棒""宝贝，这件事你做的很对""宝贝，妈妈很爱你"……父母的鼓励可以令孩子开心，从而增强自信心。

3.多注意心灵的沟通

有时候孩子只是一个人胡思乱想，四处猜疑，他们就好像活在自己的世界里，关闭了心灵沟通的大门。如果父母不想办法与孩子进行心灵上的沟通，无法了解到孩子心中所想。那即便给予孩子太多的爱，孩子也是不快乐的。

4.别轻易责备孩子

怀疑型的孩子是极其敏感的,他们总会怀疑一切不存在的问题。当然,这并不意味着孩子的父母对孩子漠不关心。即便父母很关爱怀疑型的孩子,也可能令孩子在某一瞬间产生得不到信任和支持的失落感和恐惧感,其根源是不容易察觉的,可能只是不经意间的一次责备、一次敷衍,就可能导致孩子胡乱猜疑。毕竟孩子气质的一部分是天生的,他们那敏锐的感觉是父母不容易捕捉到的。

孩子比较内向,父母要多陪伴

逆反期的孩子喜欢自言自语,偶尔还喜欢流眼泪,甚至在很多时候都不当着父母的面,他们好像总是心事重重。在平时生活中,这样的孩子往往感情细腻、复杂,经常想得很多,顾虑也很多。

孩子都是家里的宝贝,父母或多或少对孩子都有迁就,特别是老人,为孩子包办得过多,所以造就了孩子强烈的自我意识和依赖思想,似乎受不了一点委屈,凡事总为自己考虑,稍微有一点不如意就开始哭,开始耍脾气。

此外,父母遇到事情需要往好的方面想,乐观一点,否则孩子也会耳濡目染。建议父亲多陪孩子,毕竟,和父亲在一起,孩子会更加坚强,更加勇敢,尽管这些母亲也会影响孩子,不过也不如父亲的榜样作用,所以做父亲的多陪陪孩子吧!

当然,孩子的性格和家庭的教育环境也有很大的关系,假如父母多愁善感,孩子肯定一样;假如父母开朗大方,孩子也会很阳光,所以父母尽

可能不要在孩子面前吵架，为孩子营造一个良好的家庭环境。

小贴士

1.对孩子理智、科学地教育

多愁善感的孩子往往感情细腻、复杂，经常想得太多，而且顾虑太多。当孩子多愁善感时，父母首先要语气平和地安慰孩子，向孩子表示自己的感受和他是一致的，与孩子产生感情上的共鸣，让孩子意识到父母是与自己一起分担忧伤的。当然，父母要善于利用时机，以孩子伤感的事物作媒介，理智、科学地对他进行教育，这样有利于孩子学会较为冷静、恰当地面对人生的挫折和不幸。

2.转移孩子的注意力

对于家中发生的一些事情，比如小鸡死了、养的花枯萎了、养的小松鼠跑了等，很有可能父母在孩子面前表示出惋惜、难过，孩子也会受到影响。孩子有了这种情绪时是痛苦的，不过，仅仅凭语言解释和安慰是不够，比较好的办法就是转移注意力，比如带孩子去逛逛超市，买点零食回家吃；到书店逛逛，买几本书回家看看；到玩具店买几样玩的东西回家玩玩，缓解痛苦的情绪。过段时间，孩子的情绪就会好转了。

3.多肯定孩子的优点

通常那些多愁善感的孩子担心被别人否定，因此，父母要多关心孩子的优点，并常常以欣赏的语气鼓励他，孩子得到了肯定，就会增强自信心，其性格也会开朗起来。在平时生活中，父母需要细心观察孩子的喜好，努力挖掘孩子的潜能，然后创造条件让孩子有展示、表现自己的机会，一旦孩子获得了成功的体验，就会强壮起来。

4.父母关系要和谐

平时，父母要注意营造轻松、欢乐的家庭环境和氛围，孩子从小就要有一个良好的生活环境。比如父母经常说说笑话，说些有趣的事情，对于一些悲伤的事情，父母最好不要在多愁善感的孩子面前表现得过于惋惜、难过，避免孩子受到影响。当孩子表现出多愁善感时，父母最好的方法是转移其注意力，缓解孩子的痛苦情绪。

5.让孩子勇敢面对生活

当孩子由于多愁善感而掉眼泪时，父母要让孩子知道哭是没有用的，解决不了任何问题，即便哭得昏天暗地也不能改变事情的最后结果。告诉孩子，正确的做法就是把眼泪擦掉，勇敢面对，坚强地迎接新的生活。

6.别总是训斥孩子

多愁善感的孩子大多数缺乏自信心，父母不要总是指责孩子，这样的教育方式是不妥当的。因此，当孩子不会做某件事时，父母要向孩子解释和示范如何做才是正确的，孩子会做了，父母就会少了一份担心，多了一份乐观，而孩子也才敢于积极地去做。

7.尊重孩子的想法

如果希望多愁善感的孩子变得坚强，父母不要总按照自己的意愿来塑造孩子，让孩子言听计从。有任何事情都要尽可能与孩子商量，特别是孩子自己的事情，父母一定要尊重他的想法，多听取孩子的建议。

孩子容易消极，父母要多安抚

对孩子而言，产生情绪是一件很正常的事情。当一个成年人发脾气的

时候，旁边的人会安慰，或者会知趣地离开。但是，当一个孩子发脾气的时候，他受到的却是父母的斥责，甚至是挨打，这其实是极不公平的。所以，一旦孩子有了消极情绪，父母需要做的是理解、帮助，而非责备、训斥。

与成年人一样，孩子的情绪也有消极和积极之分。在孩子大约1岁左右，他们的情绪就开始了分化，2岁时就会出现各种基本情绪，也就是生气、恐惧、焦虑、悲伤等消极情绪和愉快、高兴、快乐等积极情绪。

积极的情绪对孩子的身心发展可以起到促进作用，有助于发挥孩子内在的潜力；消极的情绪则可能让孩子心理失衡。

杨先生的儿子杨洋已经10岁，他个性比较敏感，性格说不上是外向型还是内向型，比较恋旧，跟以前的老同学、好朋友分别时总会舍不得。三年级转学之后，杨洋总是想念过去的老同学，不喜欢与新同学交往，直到一年之后才渐渐融入新的班级。即便到了新班级之后，也总是念叨以前的同学，似乎又要很长时间才适应新环境。

最近杨先生发现儿子十分消极，很悲观，学习很懒散，对人生没有一种正确的积极世界观，觉得人总归是要死的，现在努力都没有用，不管自己现在怎么样，最后都是一样的结局。杨先生经常听到儿子说："爸爸，我不想你们死，不想爷爷奶奶他们死，人如果永远不死就好了。"最近这样的情绪更是经常反复出现，就在昨晚跟儿子聊天中，儿子还说到人最终还是逃不过死亡，所以自己做什么都是无用的，什么金钱、名誉都是一场空，甚至说自己好像看到自己死了的时候的情景。杨洋在说到这些的时候，情绪十分低落，甚至掉泪了，说自己不想死。

小孩子动不动就喜欢说"不"，而且经常是你说什么他都会说"不"。心理学研究表明，这是孩子独特的表示自立的正常方式。当孩

开始说"不",就是他形成自我认识的开端。而当生活里的某些事情或某些要求与其个体的兴趣、需要和愿望等不一致的时候,孩子就会产生消极情绪,诸如抵触、对抗、哭闹等。

小贴士

1.让孩子懂得肯定自己

父母要善于发现孩子的优点,同时将这些优点与孩子熟悉或崇拜的先进人物、英雄人物的优点比拟,让孩子在内心认定自己与他们的性格一样,从而激发孩子在思想和行为上向他们学习。当孩子不断突出自己的优点,同时自我认可和肯定慢慢养成习惯之后,其消极的情况就会得到改观。

2.父母保持乐观的态度

父母要善于创造和谐融洽、畅所欲言的家庭氛围,当孩子表达出自己的心理之后,父母要以探讨的形式来转变和提高孩子的认知,随时关注并指导孩子以积极的心态来自我排除心理障碍。在平时的生活中,父母在为人处事上要保持乐观的态度,因为榜样的作用往往是孩子乐观性格形成的重要因素。

3.帮助孩子养成坚毅、开朗的性格

父母可以告诉孩子,生活中并不是每件事都会让自己满意,一个人总是会遇到这样或那样的挫折,生气和难过都是没有用的,而是需要有意识地控制自己的情绪,保持冷静。同时父母可以通过带孩子旅游、登山,丰富孩子的精神世界,锻炼孩子的毅力,尽可能的帮助孩子形成坚毅、开朗的性格。

4. 让孩子投入到感兴趣的活动中

转移注意力，是合理宣泄情绪的最佳途径。父母要让孩子学习在遇到冲突和挫折时，不要将注意力集中在引发冲突或挫折的情境之中，而应尽可能地摆脱这种情境，投入到自己感兴趣的活动中去。比如孩子在玩游戏时与其他孩子发生冲突，那可以让孩子到室外去踢一会儿足球，在剧烈运动中将积累得情绪能量发散到其他地方。

5. 多跟孩子聊自己的经历

在孩子生气的时候，父母可以用温和的语气开导孩子，让孩子知道父母了解他的感受。父母可以告诉孩子，生气时可以干什么，不能做什么，允许孩子以合适的方法宣泄情绪。在适当的时候，多给孩子讲一讲自己在人生的挫折和艰难困苦面前，是如何面对困难和挫折的，又是如何战胜困难、超越挫折的。毕竟孩子年龄比较小，很少经历创伤和挫折，父母就是孩子的榜样。若是父母给孩子多聊这些话题，那势必会对孩子产生积极的影响。

6. 耐心听孩子的抱怨

倾诉是一种合理的方式，父母可以引导孩子把自己在学习遇到冲突或挫折时的感受告诉自己，同时给予同情、理解、安慰和支持。孩子对父母有很大的依赖性，父母对孩子表现出的同情或宽慰会缓解甚至清除孩子的心理紧张和情绪不安。即便在孩子倾诉的内容不合理的情况下，父母也要耐心地听下去，至少保持沉默，等孩子倾诉完毕之后，再与孩子讲道理。

7. 引导孩子宣泄消极情绪

心理学家认为，孩子在生活中产生的消极情绪，应以合适的渠道发泄出去。情绪一旦产生，宜疏导而非堵塞。当孩子遭遇难过的事情，宣泄出来，可以减轻精神上的压力。所以，在现实生活中，当孩子遇到挫折或受

到不愉快的时候，父母可以让孩子不受压抑地通过言语或非语言的方式表达自己的情绪，这样可以减轻孩子心理上的压力。

孩子有自闭症，父母要用爱心引导他

儿童孤独症又称儿童自闭症，与儿童感知、语言和思维、情感、动作以及社交等多个领域的心理活动有关，属于发育障碍。尽管不同的孤独儿童会有不同的症状，不过主要表现为：说话较晚、反应迟钝、不合群、不懂得如何与人交往和沟通；有的孩子智力发育低、存在认知感知缺陷；有怪癖、兴趣范围狭窄、行为方式刻板僵硬、注意力涣散；有的孤独症孩子智力发展不平衡，他们对某一方面很敏感，比如音乐、绘画等，而在其他方面则较差。不过，越是这些孩子，越容易被父母忽略。

逆反期的孩子喜欢独来独往，时常会有孤僻倾向。假如自己的孩子不幸遭遇孤独症，父母应该怎么办呢？是选择放弃、逃避、默默承受，还是理智、平和、坦然接受这一切呢？面对孤独症的孩子，父母没有理由强求什么，唯一能做的就是调整自身、按照他们自身的发育状况，用爱心、耐心帮助他们，协助他们最大限度地改善现状。

李妈妈很烦恼，因为孩子豆豆患了孤独症。平时在家里，豆豆总是饶有兴趣地摆弄着手里的糖纸，对周围好像没有察觉，甚至连面前的水果和零食也不会令他心动。若是有阿姨问："宝贝，你几岁了？"问三遍豆豆几乎都没有什么反应，这时李妈妈则对豆豆说："告诉阿姨你几岁了？"但豆豆的目光依然停留在那张糖纸上，他重复一遍妈妈的话："告诉阿姨你几岁了？"这时李妈妈说："对阿姨说我六岁半了。"豆豆也只是鹦鹉

学舌地说了一句："对阿姨说我六岁半了。"

李妈妈介绍，豆豆只能说极少量的词和短语，几乎说不出一个完整的句子，经常重复别人的话。若是遇到有人跟他打招呼，多半没有回应；提醒他做什么，就好像没听见似的；经常会自言自语，说着一些不着边际的话语。他平时不喜欢和小朋友玩，即便给他找来几个同龄小朋友，他也会躲开小朋友，独自一个人在旁边发呆。任何新奇的玩具都难以引起他的注意，他只是把那些废弃的包装盒、纸、勺、碗等东西重复玩耍，动作刻板，平时容易烦躁，脾气大，睡眠也很少。

教育专家表示，对孤独症孩子的治疗和早期干预，离不开制定个性化训练计划。由于孩子的病态、程度不一样，需要的治疗方案也应有针对性，而父母需要承担教师的角色，通过"因材施教"和"家庭康复"帮助孩子战胜孤独症。

小贴士

1.让孩子对交流感兴趣

父母可以引导孩子有意识地与人交往，让他们对交流感兴趣。比较好的方式就是长时间和亲近的人在一起，亲密接触亲人的手势、动作、语言、表情和回应的方式。

耐心地给孩子反复示范，一次次地引领孩子模仿。在这个漫长的过程中，父母最好将日常生活的内容与训练结合起来，变枯燥的训练为有趣的游戏，慢慢让孩子感觉到这是个好玩的游戏。

2.用积极的态度对待孩子

父母的态度异常关键，孩子和亲友的情绪都会随着父母的态度而改变。父母需要正确地对待孩子，为其制定合理的努力目标，重点培训孩子

的独立能力。愉快地接受现实，与孩子愉快相处，努力教会孩子适应家庭生活。

同时，父母要细心观察，到底孩子身上有哪些特性，不要当着别人对孩子表示烦恼。

总之，一旦发现孩子患有孤独症之后，需要考虑怎么样给孩子进行良好的教育，让这些孩子长大成为自食其力的人，而不是家庭和社会的负担，要有勇气来接受教育孩子的工作，用积极的态度对待孩子。

3.让孩子学习适应环境、与人配合

父母不妨把他们看成是正常的孩子，营造一个让他们学着自己照顾自己的氛围，比如自己穿衣服、穿鞋、自己吃饭、自己洗手、洗脸，学习适应环境、与人配合。将自己设定的目标贴近孩子，将这个要达成的目标分解成一个个细小的目标，一点点地、分步骤地去实现。

不过，欲速则不达，对一般孩子而言很容易学会的生活技能或短时间内可以养成的良好习惯，孤独症孩子却要学习半年或更长的时间。因此，父母在心里给孩子定的标准一定要比同龄的正常孩子低很多，急躁情绪和攀比心理是不能有的。

4.跟孩子说话，跟孩子一起动手做事

孤独症孩子对身边的信息通常是视而不见、听而不闻，这源于他们大脑发育的偏差。父母可以适当地对孩子做一些感觉综合训练，诸如荡秋千、跳绳，这些简单的活动可以在家中进行，这对改善孩子反应迟钝和动作不协调有一定的好处。

大多数孤独症的孩子自我封闭，拒绝接触新事物，缺乏主动性，不过他们对自己感兴趣的事情却比较执着。父母要善于捕捉到孩子的兴奋点，对孩子感兴趣的事物给予多方面的信息刺激，比如孩子喜欢玩水，那父母

可以为其准备热水、冷水、温水等。父母可以为孩子创造一个氛围，把与之相关的信息搜集起来，讲给孩子听、和孩子一起动手做。

5.让孩子学会表达自己的需求

孤独症孩子大部分语言发育迟缓，有的甚至丧失语言能力。他们面临的共同难题就是学会说话，利用孩子吃饭睡觉以外的所有时间教他说话，这是父母不能回避的现实。语言训练可以分阶段进行，比如前期准备阶段教孩子模仿父母的口部动作，像张大口、闭嘴等，让孩子知道听指令做事，理解某些动作的意义——拍手表示高兴、摆手表示再见、拉手表示友好。然后可以进行"发单音"的训练，等孩子的单音字说得比较好了，就可以着手教他学双音节词语了。最后对孩子做简单的问答训练，目的就是让孩子学会表达自己的需求，学会沟通。

孩子有抑郁症，父母别放弃

相比吵闹的逆反期孩子，有的孩子逆反期却喜欢发呆，一句话也不说。孩子的世界应是缤纷多彩的，充满快乐和欢笑的，但是有的孩子小小年纪却总是郁郁寡欢。由于各种原因，很多孩子经常被抑郁的情绪所侵袭，严重者就会成为抑郁症患者。无疑，这是一个令孩子本身和父母都感到痛苦和困惑的问题。

人们经常会误以为抑郁症只会发生在有自我意识能力和情感丰富的成人身上，而忽视了儿童也可能得抑郁症。抑郁对孩子的身心发展非常有害，会使孩子心理过度敏感，对外面世界采取回避、退缩的态度，同时还可造成儿童身高发育不良。

有的父母认为孩子很小，很难与抑郁症这样重大的问题联系到一起。实际上，儿童抑郁症已经不是什么新鲜事了。与身边的同龄孩子关系差的孩子更容易患抑郁症，除了人际关系导致的抑郁情绪积累之外，学习压力大、与老师关系差、父母婚姻破裂等，都对孩子产生着很深的影响。

作为父母，应该怎么样帮助孩子远离"抑郁"的阴影呢？

小贴士

1.让孩子感受到温暖感和安全感

心理学家认为，良好的家庭氛围和家庭凝聚力是孩子健康成长的持久动力。平时生活中，父母常常检查自己的情绪，避免自己身上的负面情绪影响到孩子。学会尊重孩子，顺畅地和孩子沟通，为孩子创造一个亲密、融洽、温馨的家庭氛围，让孩子体会到家里的温暖感和安全感。

2.按照孩子自身的能力与兴趣来培养他们

平时父母要适当给孩子一些自己的时间和空间，让孩子在不同的年龄阶段拥有不同的选择权。不要对孩子期望太高，不要过分纵容孩子或太过苛求，应按照孩子自身的能力和兴趣来培养他们。

3.培养孩子广泛的爱好和宽容的性格

父母平时要真诚待人，鼓励孩子多与人交往，教会孩子与同龄孩子融洽相处，多组织孩子间的情感交流活动，培养孩子广泛的爱好和乐观宽容的性格，享受友情的温暖。

4.教导孩子理智调节自己的情绪

假如孩子已经出现抑郁症状，那父母要给予孩子适时的积极暗示，教导孩子理智调节自己的情绪，纠正认识上的偏差。父母可以寻找一些令孩子开心或振奋的事情，让愉快的事情占据孩子的时间，以积极的情绪来

抵消消极的情绪，引导孩子适当地发泄内心郁闷的情绪。在有必要的情况下，可以及时找心理专家咨询，予以积极的治疗。

5.教育孩子学会忍耐

平时父母需要多发现孩子的优点并恰当地给予表扬和鼓励，从小培养孩子的自信与应付困境乃至逆境的能力，教育孩子学会忍耐和随遇而安，在困境中寻找精神寄托，比如参加运动、做游戏、聊天等等。

第04章
对孩子身上的坏习惯，重在严格要求

当孩子进入逆反期之后，身上总会呈现出各种各样的坏习惯，比如摔东西、涂鸦等等，这在父母看来简直是破坏性行为，但实际上这也是孩子表达自我、探索世界的一种方式，父母大可不必太紧张，只要严格要求，孩子就会慢慢改变坏习惯。

孩子生气喜欢摔东西，父母不必紧张

生活中，有的孩子喜欢摔坏东西，孩子的这种情形就是心理学家所说的儿童破坏行为，孩子有这样的行为，父母大可不必紧张，我们可以与儿童心理学家一起认识孩子的这种行为。心理学家认为，把自己感兴趣的东西拆开，是孩子学习探索的一种表现。他们不是故意去破坏一个东西，而是因为对这个东西感兴趣，想看看里面到底有什么东西。比如，有的孩子喜欢把玩具拆开，去看看车子为什么会动，里面到底有什么东西。这时孩子是沉浸在自己喜欢的事物里面，并努力通过自己的双手寻找答案。

而有的孩子摔了东西，不过是好心办了坏事。孩子的出发点是好的，不过由于经验不足或能力有限，结果事与愿违。有的孩子见金鱼缸结了薄冰，怕金鱼冻死，就把金鱼捞起来包在手帕里，结果金鱼反而死了。若是这样的情况，父母要肯定孩子的想法是好的，接着告诉孩子失败的原因，自己不懂的事情先要请教父母，自己现在力不能及的长大了再去做。

孩子虽然上小学一年级了，但有一个坏习惯总也改不掉，那就是生气就摔东西。

有一次，孩子正在玩飞机模型，妈妈一边做清洁一边说："宝宝，你的作业写完了吗？咱们可不可以先把作业写完了再玩呢？"孩子一边摆弄玩具，一边回答："不，我就要先玩玩具。"妈妈有些责备的语气："先写作业才能玩玩具，不然我就把你的玩具全部锁起来。"听到这样的话，

孩子生气了，他跑着走到窗户边："那我扔了，你再也不能锁住我的玩具了。"说完，真的把玩具扔下楼去了。妈妈马上跑过去，已经来不及了，她朝楼下看，幸好没有砸到行人，但是玩具却已经报废了。妈妈生气极了，抬手就是给孩子一个耳光："你怎么这样不听话？""哇……"孩子大声哭了起来。

有的孩子会以摔东西来表示"我生气了"，他们在发脾气时希望得到关爱，因为他们需要确认"我还是爸爸妈妈的宝贝"。孩子对现实中的事情都有自己的底线，若是让他承受过多的拒绝，对他而言是极其困难的。于是，发脾气摔东西成为他们表达失望的方式，在这样的情况下，父母需要保持冷静。

孩子开始接触和外界的一切，对于自己遇到的事情，他都会用手摸一摸，尝一尝，闻一闻，偶尔也会把东西摔坏，来看看它会产生什么样的反应。假如孩子正处于这样一个阶段，那可以把家里贵重的东西藏好，给孩子一些安全的家用物品，或是买些耐摔的玩具。这时父母可以慢慢引导孩子什么东西可以碰，什么东西不可以碰。

实际上，对于喜欢搞破坏的孩子而言，他们的心理是复杂的，父母需要耐心、有心地去发现，而不是一棍子打死，不能轻易地以打骂来应对孩子的破坏。

小贴士

1.孩子破坏的过程是学习的过程

父母首先对孩子要有宽容的心态，因为破坏的过程就是孩子学习的过程。不要严厉批评孩子，也千万不要说"不许再把玩具拆了，不然明天不给你买新玩具了"等这样警告和威胁的话，有时候父母的批评和威胁很可

能会扼杀孩子可贵的探索精神。

2. 不妨和孩子一起玩

父母应尽量地鼓励且参与到孩子"破坏"的过程中，这是一个手、眼都在活动的过程，可以促进他们思维的发展。鼓励孩子适当地进行"破坏"，就是培养孩子的创造力，以及对更多事物的探索兴趣。当父母看到孩子玩具拆了，应蹲下来参与到孩子的活动中。"这里面是什么呢？怎么会动呢？"……引导、帮助孩子一起寻找结果，然后再跟孩子一起把拆开的玩具恢复原样。

3. 主动带领孩子从"破坏"中寻找答案

在日常生活中，父母要多提一些问题让孩子去猜、去想，比如闹钟为什么会响呢？为什么会滴滴答答的呢？假如把闹钟的针取掉了，那它还会走吗？还会响吗？父母需要做的就是问题提出后，主动带领孩子从"破坏"中寻找答案。

4. 必要时父母可以参与其中

假如孩子好奇地想知道各种现象发生的原因，总想搞清楚不停转动的闹钟里面装了什么？电视里是否真的有个会说话的小孩子？那当爸爸在修理家中这些东西的时候，不妨让孩子观摩，必要时也可参与到其中。爸爸可以当着孩子的面拆卸家中废弃的东西，没有危险性的动手部分则让孩子来动手。

5. 让孩子自己收拾现场

假如孩子是无心造成的过失，那父母可以在他力所能及的范围内让他对自己的行为负责。比如杯子打翻了，就让孩子用抹布去擦干桌子，玻璃瓶打破了，就让他帮忙拿来扫帚和簸箕，不要乱加责备孩子，毕竟孩子不是故意的。

6.与孩子多交流

小孩子通常会有无穷的精力，孩子善于"破坏"的背后很可能隐藏着一颗渴望探索的心。父母应该为孩子提供一个良好的活动空间，尤其是那些独生子女，让孩子多和邻居的同伴玩耍，休息时多参加集体活动。父母要经常与孩子沟通，了解孩子最近有什么烦恼，或者孩子有什么需要。

孩子爱抢东西，引导他认识归属者

父母会发现，孩子在某个阶段会喜欢抢别人的东西，他们总觉得别人手里的东西是好的，不但抢父母手里的东西，有时候还喜欢抢其他孩子手里的不属于自己的东西。当孩子正在玩一个玩具时，他玩够了就会扔掉，然后又拿起第二个玩具玩。这时父母把之前那个玩具捡起来，孩子看到了便会扔掉第二个玩具，又开始抢父母手里的玩具。如此反反复复，对孩子来说，好像只有别人手里的才是好的。

孩子喜欢"抢"别人的东西，大概是出于这样的原因：

感觉比较新鲜。毕竟孩子缺乏一些认知能力，看到别人手里的东西，心里觉得新鲜又好玩，从而忍不住想要自己抢过来。虽然他们内心并没有想要抢别人的东西，只是因为很喜欢，所以行为方面比较过激。

感到十分好奇。孩子对很多事情都是一无所知的，他们总想认识周围新鲜的事物。在很多新鲜事情的引诱下，孩子们的好奇心渐渐被激发出来了。别人手里的东西，如果只能远远看着，完全不能满足他们内心的好奇。所以，为了仔细看一下，他们便会忍不住想要拿来自己研究一下。但孩子并不懂得如何与对方商量，让对方把东西拿给自己，所以他们就索性

开始抢了。

强烈的占有欲。孩子的自我意识渐渐萌发，容易以自我为中心，认为一切东西都是自己的，他们完全没有意识到自己和别人是有区别的。出于自我意识的萌发，他们对很多东西想拿就拿，完全没有顾忌。换句话说，那些喜欢抢别人东西的孩子，通常有较强的占有欲。

有一次，妈妈带着楠楠一起去朋友家里，正好朋友家的孩子跟楠楠年纪相仿。大人们愉快地聊天，两个小朋友一起玩得很开心。但是，没过过久，妈妈就听到了楠楠的哭声，两个大人走过去看个究竟，原来楠楠喜欢上了别人的飞机模具，非要抢过来玩，抢不过就哭了起来。朋友上前去把自己孩子批评了几句，拿过玩具递给楠楠，楠楠不哭了，不过朋友的孩子却哭了起来。最后，还是妈妈承诺给楠楠买一模一样的玩具才罢手。

其实，平时妈妈也发现楠楠喜欢抢东西这一特点。有时候他去小区里玩，虽然自己手里也拿着刚买的玩具枪，但看到别人手上有更新款的玩具，楠楠便会直接冲过去抢。妈妈觉得，在楠楠看来好像东西都是别人的好。

父母看到孩子喜欢抢东西，会不自觉地认为孩子比较自私，长大后也会成为自私自利的人。但事实上，当孩子的自我意识开始萌芽，就会表现得以自我为中心。

他们认为自己的东西是自己的，别人的东西也是自己的，所以看到喜欢的就会拿走，看到感兴趣的东西会霸占为己有。孩子因自我意识而抢东西，这是没有任何恶意的，是一种很正常的行为。

小贴士

1.帮助孩子建立所有权的观念

父母需要有意识地帮孩子建立所有权的观念，比如，当孩子想要别人

手里的东西,父母可以强调:"这个玩具是东东的,你只能玩一下,不能带走,你玩一会儿要还给东东,你的玩具在家里呢。"这些话可以让孩子认识到东西的归属感,有所有权的概念。

2.让孩子学会换位思考

当孩子玩得正高兴时,突然抢走他手里的东西,然后问他"你的东西被抢了会难过吗",孩子的回答是肯定的。那么,再告诉孩子,如果他抢走了别人的东西,别人也会感到很难过。当孩子感受到被抢的负面情绪之后,他就会真正地学会换位思考,为他人着想。

3.及时肯定孩子这样的行为

当孩子尝试着去与人商量,父母需要及时肯定这样的行为。当孩子不是直接抢东西,而是友好地协商"我可以玩一下你的玩具吗""我有一个玩具,不如我们交换玩一下,你愿意吗",父母需要及时肯定孩子这样的行为,他们才会意识到这样做是正确的。

4.让孩子懂得交换玩具

看到孩子喜欢抢别人的东西,会直接制止:"怎么能抢别人的东西呢?这是不好的行为。"其实,这样的话对孩子而言,他们并不太能接受。最好的引导,应该是告诉孩子应该怎么做,比如"如果你喜欢他手里的东西,你应该先问一下他愿不愿意把东西借给你玩一下,或者你有好的东西跟他交换着玩",让孩子知道如何与人友好协商,而不是直接抢东西。

5.好好保护孩子

当别人孩子的东西被抢时,父母不要强行把东西从自己孩子手里抢过来满足其他孩子。因为这样时间长了,孩子就会形成思维定式,导致自己变得越来越懦弱,慢慢就会形成优柔寡断、不敢反抗、不会拒绝的性格。这时父母应该好好保护孩子,让孩子感受到爱的呵护。

6.最好的教育在第一次

当发现孩子第一次抢别人的东西时，父母就应该及时教育，这样可以快速有效地将孩子不良的行为纠正过来，同时可以防止孩子在多次重复这种行为之后，养成根深蒂固的坏习惯。

7.引导孩子和别的小朋友玩

孩子通常不愿意把自己的玩具拿给别人玩，这是很正常的心理。所以，当其他的小朋友想玩他的某个东西时，父母不应该强制要求他谦让给别人。而是让孩子学会分享，引导他愿意和别的小朋友玩，比如"你把这个玩具借给他玩一下，以后他有了新玩具也会借给你玩的，这样你们就各自有两个玩具玩了"。

孩子爱涂鸦，父母应及时给予回应

乱涂乱画是孩子成长过程中必然经历的过程，孩子乱涂乱画并不是真的在绘画。许多父母看到孩子拿笔乱涂乱画时，就会想：是不是该让孩子学画画呢？这一阶段是孩子的涂鸦敏感期，孩子们之所以喜欢乱涂乱画，是随着自己的感知觉与动作，有了一定的发展与协调之后，对身边环境做出的新探索，是一种新的动作练习。

乱涂乱画是孩子的一种沟通手段，孩子最初的涂鸦都是无意识的，没有绘画构思和目的。不过，随着年龄的增长，孩子会逐步调整自己手部的控制力，从而利用乱涂乱画进行自我创作和情绪表达。并非所有的孩子都可以很好地表达真实内心，乱涂乱画就可以成为孩子们的第二语言，可以帮助孩子表达自我，与他人交流。

第04章 对孩子身上的坏习惯，重在严格要求

李妈妈说，家里的墙壁就是孩子的画板，以前总想试图去制止孩子画画。不过孩子爸爸会阻止，说别影响孩子们创作。墙壁可以重新刷过，但是孩子的灵感被抹杀掉就没有了，李妈妈想了想觉得这话有道理，所以现在家里好多家具上都有孩子的涂鸦作品。

7岁的章童童喜欢乱涂乱画，家里的床头、墙壁以及门窗，只要他能够得到的地方都被他用彩色笔画过，章妈妈看孩子这么喜欢画画，就给童童报了一个绘画班。结果童童第一天上课，老师就告诉章妈妈："孩子一直不专心画画，他自己不画画就算了，还影响其他小朋友。"章妈妈感到纳闷，难道孩子不喜欢画画吗？但当童童回到家之后，又开始在墙壁上、柜子上画画。

许多父母会出现像章妈妈一样的烦恼，孩子明明喜欢乱涂乱画，不过真正送他去上绘画班时，孩子却没有表现出太大的兴趣。也有父母像李妈妈一样，任由孩子发挥灵感，宽容对待孩子的乱涂乱画现象。

孩子到了某个阶段，就很喜欢乱画、乱涂，家里的床、墙壁，只要孩子够得到的地方都被涂鸦过。这时父母总会说"你到底在画什么，根本看不懂""乖乖，不要在墙上乱涂乱画""孩子，这个小草应该是这样画，来妈妈教你"等。事实上，孩子在这一阶段喜欢乱涂乱画是有原因的，父母应该认真对待这一现象。

孩子喜欢乱涂乱画是身心发展的一种外在表现，通常这一阶段的孩子处于涂鸦期至象征期的过渡阶段，是孩子绘画的最初级阶段。对孩子来说，乱涂乱画只是一种行动，或是一种游戏，他们在这个过程中注重的不是涂画的结果，而是享受涂画的过程，从而获得心理上的满足和快乐。

当然，对于某些孩子而言，乱涂乱画是绘画兴趣的萌芽。有的孩子乱涂乱画，是因为爱上了画画，而且对绘画活动产生了浓厚的兴趣和爱好。

一旦孩子有了兴趣和爱好，就有了想表现的欲望，想办法去满足这个愿望，于是就只有乱涂乱画。如果孩子产生了绘画的兴趣，不过父母没有及时配备绘画的工具，那就在他们认为可以绘画的地方来满足自己绘画的欲望。

小贴士

1.从孩子绘画中感知他细腻的心思

有时候，孩子在涂画之后，可能里面隐藏了某些孩子真实的情绪表达。父母在观察孩子的绘画作品之后，感知孩子细腻的心思，然后给予一定的回应，比如"原来宝贝眼中的天空是如此绚丽多彩啊，小草还知道疼痛呢，嗯，真不错"。这样一来，一旦给予了孩子良好的回应，他在未来感知世界时会收获更多。

2.认真欣赏孩子的绘画作品

父母需要有耐心地去看孩子的乱涂乱画，不论是孩子一时兴致随便涂画，还是精心绘画，父母都要认真对待，努力站在孩子的角度去看他到底想表达什么。那些看起来稚嫩的作品，有可能是孩子一时的想象，可能是孩子当下的心情，可能是孩子未来的目标。可能孩子自己都没意识到在画什么，不过父母若能够认真欣赏，那就是对孩子莫大的肯定与关注，会给予孩子精神上很大的支持。

3.及时给予孩子积极的肯定

看到孩子乱涂乱画，需要及时给予孩子积极的肯定。不论孩子画得像不像，父母不应该说"你这画的什么呀，乱七八糟"，这样会打击孩子的自信心。而是应该不吝啬自己的赞美之词，赞扬一下孩子"你画的真棒，你说画的是什么？小草，哦，看起来真像，你告诉妈妈，你是怎么画出来的，教一教妈妈"。孩子获得赞赏之后，内心会得到由衷的满足，或许以

后在这方面会有特别的表现。

4.和孩子一起绘画

父母应该参与到孩子的涂画活动中，千万不能小看孩子的乱涂乱画，其实很有童趣。父母应该抽出一些时间，与孩子一起涂画，这样可以促进亲子关系，又可以适当引导孩子的想象力，比如太阳用什么颜色，画什么，如何布局等等，可以与孩子一起协商完成绘画作品。当然，在这个过程中，需要以孩子为主，父母只需要参与就行，不能强制性要求孩子一定要画什么。

孩子人来疯，父母别太关注

孩子进入幼儿期，常常会在人多的场合出现"人来疯"行为，异常活泼，非常调皮，让父母感到手足无措。孩子人来疯的行为，指的是孩子在客人面前或在有陌生人的场合表现出一种近似胡闹的异常兴奋状态。

比如，家里来客人了，孩子表现得十分高兴，一开始还能正常说话玩耍，渐渐地却陷入了一种近乎疯狂的状态，又吵又闹、上蹿下跳，让客人大为吃惊，父母也尴尬不已，却不知道如何让孩子安静下来，担心孩子的行为会给客人留下不好的印象。

许多父母都经历过孩子的"人来疯"，平时看起来很听话的孩子，忽然之间在客人面前或公共场所，变得非常亢奋，如一只脱缰的小野马，不仅大吵大闹，而且还蛮横无礼。

孩子为什么会喜欢"人来疯"？大部分原因在于七八岁的孩子本身就具有强烈的表现欲，喜欢给别人带来乐趣，希望得到别人的肯定和赞扬，

不过，孩子在人们面前表现时又不能很好地掌握分寸，结果就疯过头了。

周末家里有客人来，王妈妈大清早就开始收拾屋子，准备食材，忙得没有工夫管7岁的儿子。儿子刚开始还安静地待在客厅玩手机，不时还帮妈妈拿一下东西。

不一会儿，客人来了，王妈妈把客人请进屋子里，和好闺蜜很有兴致地聊起天来。这时本来安静的儿子却不安分起来，一会儿把电视机调到很大声音，一会儿又把手机游戏声放很大，或者在屋子里故意走来走去。王妈妈让儿子安静一点，没想到儿子还冲着自己做鬼脸，甚至一副"要你管我"的样子。王妈妈气得大声呵斥，但是根本没有用。最后，王妈妈只能让儿子回到他自己的房间，却听到儿子"砰"地一声关起了门。王妈妈感到很难堪，无奈地跟朋友笑了笑，朋友安慰着："没事，孩子都这样。"

那么，孩子为什么会"人来疯"呢？

缺乏自控力。孩子的自控能力才刚刚发展，所以不能有效地控制自己。他们平时的行为带有很大的冲动性，而且自控行为会随着场景不同而发生变化，一会儿好一会儿坏。当家里有了客人，父母会鼓励孩子表现自己，哪怕孩子表现过火了，父母也不会当着客人的面批评孩子。聪明的孩子感觉到父母的宽容，便会彻底释放自己的天性，所以不容易控制自己的言行。

孩子渴望得到关注。现实生活中许多父母因平时工作繁忙，很少带孩子出去玩，孩子在家里总是与爷爷奶奶一起玩耍，不然就是电视、玩具，他们的交往需要得不到满足。所以，当家里来了客人，孩子会感到好奇、兴奋，终于有人关注自己了。这时候如果父母只是跟客人聊天，那孩子心理就会觉得被冷落了，便会有意识地做出一些偏常行为，从而希望引起别人的关注。哪怕这样的行为会引来父母的批评，他们也会感到满足。

父母太溺爱或太严厉。有些父母对孩子太溺爱，不论孩子的要求是否合理，总是给予满足，让孩子变得自私、任性，在客人面前也不听父母的话，无理取闹；反之，有些父母对孩子太严厉，严重抑制了孩子喜欢玩的天性，当有人在场时，父母的注意力更多集中在客人身上，那孩子就会抓住机会来尽情表现自己。

客人出于表面的宽容。有时候，客人的宽容很容易引起孩子的"人来疯"。当孩子在表演的时候，客人会表面夸奖孩子，以此来取悦父母；或者主动逗孩子，即便孩子做得不好，客人也不会过分苛求，非常宽容和纵容，这样会让孩子更加兴奋，趁机做一些平时不太敢做的举动。

小贴士

那么，对孩子的"人来疯"行为，父母应该怎么办呢？

1.不能总满足孩子的需求

孩子出现"人来疯"行为在于缺乏自制力，所以父母在平时教育孩子时要特别注意。对于孩子提出的要求，不能总是满足，特别是一些坏习惯，应该及时制止，不能纵容，不能养成孩子"自我为中心"的心理。这样渐渐地，孩子的自制力就会慢慢增强。

2.适当给孩子一些表现的机会

家里有客人来，可以给孩子适当的表现机会，比如让孩子唱歌，讲故事，朗诵诗等，然后告诉孩子"你的歌唱得真不错，下次再给叔叔唱一首更好的，好不好？"如果孩子很兴奋，还想继续表演，那父母可以暗示"叔叔喜欢听话的孩子，你先自己去玩吧"。

3.避免当着众人批评孩子

家里来了客人，当孩子出现"人来疯"行为时，父母不必着急，更

不要当着客人的面批评孩子，这样会让孩子感到很难堪，会感到很没面子甚至会出现逆反行为。同时会让孩子感到只要客人来了自己就变得不重要了，孩子的自尊心同样需要受尊重。

4.让孩子学着招呼客人

家里有客人时，父母与客人聊天的时候，别把孩子冷落在一边，这种时候应该让孩子学会招呼客人，比如帮忙倒茶，帮忙拿东西，有时也可以参加聊天，问孩子一些感兴趣的事情等。这样，孩子可以感受到父母和客人对自己的喜欢，同时还能学一些待人接物的行为。同时满足了孩子的表现欲，也不会给客人造成难堪局面。

5.为孩子制造与外界接触的机会

父母想要减少孩子"人来疯"行为，可以多为孩子制造与外界接触的机会，带孩子多参加一些聚会，让孩子与同龄孩子玩耍，减少孩子看见陌生人的新鲜感。如果孩子不愿意与陌生孩子玩耍，父母也需要及时引导，让孩子慢慢感受到与人交往的乐趣，学会主动与人交往。

6.给孩子定好规矩

家里客人来之前，父母可以先给孩子讲道理，不许"人来疯"，同时提出惩罚或奖励的方法。比如，假如孩子出现"人来疯"行为，就给予批评，取消出来周末野炊的计划等；假如孩子听话，没有出现"人来疯"行为，就及时表扬，满足其提出的合理要求。

7.平时管教别太严厉

有的孩子平时看起来很乖，一旦有客人来了就出现"人来疯"行为。这时父母应该反思是否平时的管教太过于严厉。如果是这样，父母就不要过多限制孩子的自由玩耍时间，给孩子买一些合适的玩具，引导孩子多交同龄朋友，让孩子活泼好动的天性得到充分解放。

8.别太过分关注他

父母需要避免强化孩子的"人来疯"行为，一家人保持统一的教育方式，在孩子出现"人来疯"行为时别过多关注孩子，假装什么也没看见。同时，也引导并暗示客人不要关注孩子的行为。这样，孩子觉得没趣自然也不会再用这种方式吸引注意力了。

孩子爱模仿，父母不能错过学习敏感期

孩子为什么喜欢模仿呢？

模仿即学习。孩子有很强的观察里，喜欢模仿他人的言行举止。实际上，这是孩子学习的一种方式。父母不必担心，只是孩子没有足够的知识经验，不知道怎么办，就只能通过观察同伴的行为表现来模仿学习，从而获得相应的经验。

一种从众心理。孩子从模仿中能够获得成功和喜悦的乐趣。孩子也喜欢随大流，想跟别人一样，获得别人的认可，融入到集体活动中，这是一种人际交往、人际依赖的心理安全需要，从而获得一种群体归属感。

独立自主意识较弱。孩子年龄小，独立自主意识较弱，依赖心理严重，他们的很多能力都是凭模仿学会的。有了模仿，就减少了不必要的探索和尝试，就能快速掌握别人已经摸索出来的各种技能，才能有时间、有精力去创新和发展。

园园喜欢模仿是在2岁时的行为，她每次在家总不爱穿自己的鞋子，而是偏爱妈妈的高跟鞋，而且穿着妈妈的鞋子，走起路来感觉很神奇。平时趁着爸妈不在家，她还会拿着妈妈的化妆品给自己脸上乱涂抹，还不时照镜子。

后来上了幼儿园之后，她开始喜欢模仿与自己同龄或比自己大的孩子，别的孩子做什么，她就学别人做什么，不过在爸妈和比她小的孩子面前又不这样。

园园妈妈觉得孩子很没有自己的主见，总是别的小朋友做什么她就做什么，比如跟妞妞一起玩，妞妞玩得哈哈大笑她也哈哈大笑，妞妞爬扶梯时摔倒了，园园也跟着摔倒，这个现象都持续大半年了。

孩子突然之间成为了同伴的"跟屁虫"了，这让许多父母感到苦恼和困惑。看到别的孩子做什么，自己的孩子就做什么，这让许多父母认为自己的孩子没有个性、缺乏主见，甚至认为这是不好的现象。

事实上，孩子喜欢模仿是正常行为。孩子最开始喜欢模仿父母，因为父母是孩子的第一任导师，一般孩子模仿父母的年龄应该是2岁左右，比如女孩喜欢穿妈妈的高跟鞋，男孩喜欢模仿爸爸开汽车。

对孩子而言，他们认为喜欢的事情就是愿意模仿的事，这主要在孩子大脑情绪记忆系统，比如额叶与边缘系统会存储下来，这是一种良好的体验行为，这种感觉就像成年人所感受的成就感、意义感、被认可感一样。孩子带着这种兴奋感、舒服感，指引着他们的大脑不断重复，所表现出来的就是强烈的模仿行为。

孩子天生喜欢模仿，因为模仿是孩子学习技能、探索世界的一种方式。随着年龄的增长，孩子的语言表达能力不断的在提高，模仿能力也在逐渐加强。

一般而言，孩子对世界的认知开始是通过他们所看到、听到、触摸、嗅到的感官系统对外部环境信息进行接收，这是由于孩子大脑负责外界信息收集的神经元在他出生时就已发育成熟，这就是孩子喜欢模仿的基础。而负责信息处理、逻辑想象这部分的是额神经元，这部分神经元在孩子2岁

时开始发育，快速发育期在3-6岁，这一阶段孩子的模仿能力会加强。

小贴士

1.与其制止，不如告诉孩子是怎么回事

如果父母不希望孩子去模仿同伴的某些行为，最好的办法就是不要把那些事情搞得很神秘，开诚布公地让孩子去了解怎么回事，好奇心没了，自然注意力也就会转移到其他方面。比如孩子会模仿同伴的口头语、脏话或者口吃、频繁眨眼等动作，父母不要大惊失色严厉禁止，这样做会适得其反，加重孩子的好奇心和反抗心理，用表明态度、然后忽略的方式对待，等孩子的好奇心消失，这类行为症状也会自然消失。

2.孩子喜欢模仿并非没主见

看见孩子跟着学同龄的孩子，就觉得孩子没个性、缺乏主见，这其实是父母对孩子模仿行为持批评和否定态度。孩子的观点和主见主要是在模仿的基础上渐渐形成的，他们只有在同伴面前才互相模仿，从而实现真正的交流。

3.别采用错误的方式来对待孩子

孩子看到别的孩子吃什么，他也要同样的东西。看到这样的行为，父母不要小题大做，将孩子之间的模仿行为认为是嫉妒、攀比、无理取闹等行为，也别采用错误的方式来对待孩子，比如拒绝孩子的要求，放任孩子哭闹等。其实，孩子之间的模仿是一种自然本能，而嫉妒行为则伴随有哭闹等行为出现。模仿同伴就是一种学习和交流，父母错误对待会不利于孩子学习，而且也会影响孩子与同伴之间的关系。

4.引导孩子改掉不好的行为

互相模仿也存在一些问题，既然孩子可以模仿同伴的好行为，也会模

仿一些不好的行为，所以需要父母经常把关，注意孩子模仿的内容。比如孩子最近学班里的同学说脏话，父母就要及时干预和正面引导了。很多时候，孩子在模仿行为时并不清楚这个行为背后的意思，也不明白行为的好坏。而父母需要告诉孩子这是一个不好的行为，让孩子改掉这些不良行为。

5.通过模仿学习好的行为

孩子在成长过程中难免会养成一些不好的习惯，而相互模仿则可以促使孩子改掉一些不良的习惯。比如两个孩子一起吃饭，看着同伴吃饭很乖，父母就可以正面鼓励孩子去模仿对方"你看妞妞好棒哦，自己吃饭，她根本不需要妈妈喂"，这样就可以通过互相模仿渐渐地改变孩子的不良吃饭习惯。

孩子总是三心二意，父母就要培养其注意力

"注意力"是一种我们都熟悉的心理现象，用通俗的话说就是"专心"。当小孩子在面对自己感兴趣的事情时，比如听广播、看电视，常常会聚精会神，对身边的人和事都会听而不见、视而不见，这就是一种注意力。

培养孩子的注意力，对于孩子的脑部劳动具有重要的意义，那些注意力集中的孩子，学习效率快，学习质量高，相反，那些注意力不够集中的孩子则作业马虎，做事情粗枝大叶。对于低年级的孩子来说，学习知识并不是最重要的，重要的是养成良好的学习习惯，而稳定持久的注意力则是学习中不可缺少的一方面。

注意力对孩子带来了诸多的意义：当孩子能够把注意力集中在某件事情上的时候，他们就会主动去探索未知的东西，寻求解决问题的办法，继

而提高其学习能力；另外，提高注意力还可以帮助孩子克服散漫的习惯，能够沉着冷静地处理问题，形成稳定的心理素质；孩子注意力集中，就能够深入地思考问题，能够专心做自己的事情，也容易获得成功，提高自己的自信心。

导致孩子注意力不集中的原因有很多。比如，父母双方对孩子的教育态度不一致，这也会让孩子感到无所适从；父母对孩子过分宠爱，缺少行为规范，使孩子养成随心所欲的习惯，因此缺乏了忍耐性和自制力，无法集中注意力；家里无法给孩子提供一个安静的环境，就会使孩子难以集中注意力。

小贴士

1.帮助孩子建立规律的生活

孩子作息不定时、生活无规律，也是注意力分散的主要原因。父母不应该整天强行要求孩子长时间从事单调枯燥的学习活动，这样必然会造成孩子大脑疲劳而精神分散。父母应该合理制定孩子的作息时间，睡觉、玩耍、学习的时间都应该安排得较为固定，简单有规律的家庭生活节奏，有利于培养孩子的注意力。有的孩子注意力容易分散，就需要父母帮助孩子建立规律的生活。

2.帮助孩子调整情绪

如果孩子情绪处于悲伤、疲惫或者生病，身心状态都不佳的时候，这是很难集中注意力的。此时父母要帮助孩子调整情绪，给予孩子关怀，而不是盲目地强迫要求。当孩子心情愉快了，他就更容易专心致志地做事情。

3.让孩子远离电视和手机

如果孩子已经习惯了充满声光影的刺激，他们就不容易静下心来看书和学习，特别是喜欢看电视或者玩电子游戏的孩子，即便父母强行要求

孩子读书学习，孩子的注意力也不在学习上，而是停留在电视或电子游戏上。所以，父母应适当限制孩子看电视的时间，在日常生活中让孩子多看书、多融入大自然。

4.鼓励孩子多参加感兴趣的活动

孩子对某些事物的兴趣越浓厚，就越容易形成稳定和集中的注意力。父母不要天天把孩子关在房间里学习，适当鼓励孩子多参加感兴趣的活动，让孩子在活动中发掘和发展自己的能力，借此机会还可以培养孩子的注意力。但是，如果孩子一会儿喜欢做这个，一会儿喜欢做那个，这时候，则需要父母引导孩子专注于一件感兴趣的事情。

5.不要做分散孩子注意力的事情

要想让孩子能够集中注意力学习，父母就应该自己安静下来，不要做分散孩子注意力的事情，比如看电视时大声议论或大笑，父母也可以认真学习，以模仿行为让孩子效仿。孩子在学习的时候，不要在旁边唠叨，也不要在孩子学习的房间里接待客人，这样会干扰孩子。在家里时刻保持安静的环境，可以让孩子少受外界的干扰，更好地保持注意力，比如家里的东西摆放要整齐，孩子的用品和玩具要放在固定的位置。

6.有意识地培养孩子自我控制的能力

孩子在学习中遇到了困难，或者遇到了不感兴趣的事情，这时候即便是有一些注意力也是不够的，还需要有意识地培养孩子的自我控制能力，使注意力服从于活动的目的和任务。父母可以让孩子在一段时间内专心做一件事，比如，绘画、练书法等等，以此来培养孩子的自制力。

第 05 章
孩子个性不好,父母应适度放手耐心引导

俗话说:"性格决定命运。"对孩子来说,从小养成良好的个性,这对于他今后的人生是很有帮助的。孩子在成长过程中,很容易受周围环境和人的影响,导致个性不好,这时父母应适度放手,耐心引导。

纠正孩子的任性，父母要有耐心

据美国儿童心理学家威廉·科克的研究表明，孩子任性是一种心理需求的表现。孩子随着生理的发育，开始慢慢接触更多的事物。他们对这些事物的正确与否，不可能像父母那样可以瞻前顾后地分析，甚至做出判断。

在生活中，我们经常看到一些孩子，他们为了达到某种目的特别任性，有时甚至会哭闹不止，把父母搞得筋疲力尽也不罢休。面对这样的情况，有的父母选择退让，或者听之任之；有的父母则把这种任性完全归咎于独生子女带得太娇惯。

孩子只是凭着自己的情绪和兴趣来参与某些事，虽然这些事物往往是对他不利的，甚至是有害的。这时父母会以成年人的思维去考虑他参与的结果，完全忽略了孩子参与的情绪和兴趣。

处于独立性萌芽期的孩子，一切事情都想亲力亲为，都想弄个透彻，这本来是一件好事。不过，这种"亲力亲为"的心理，往往会在不合实情中表现出来。父母对于这样的情况，不可全权包办代替，也不要断然拒绝。否则，孩子的任性心理将会更加严重。孩子的任性，其实是一种与父母对抗的逆反心理，其根源在于父母没有重视他们的心理需求。

小贴士

1.把孩子的注意力从他坚持要做的事情上转移

当孩子任性的时候，父母可以利用孩子容易被其他新鲜事物所吸引的

心理特点，把孩子的注意力从他坚持要做的事情上转移开，从而改变孩子的任性行为。假如孩子在一个地方玩得很上瘾，不管父母怎么说他都不愿意离开。这时父母不妨说："走，我带你去坐汽车。"孩子就会愉快地答应下来。

2.多让孩子与同伴玩耍

群体生活的一个重要原则就是少数服从多数，假如个人的意愿与多数人不一致，那就会被否定。父母可以多让孩子与同伴玩耍，因为在同龄人中间，假如孩子总是任性，他就会被群体孤立。即便是在家中，比较任性的孩子处于群体之中时，他也不会随便把自己的小性子表现出来，他们觉得到自己任性只会遭人讨厌。这样时间长了，孩子身上任性的毛病就会慢慢淡化了。

3.培养孩子良好的生活习惯

培养孩子良好的生活习惯，可以从根本上解决孩子的任性。父母可以让孩子从小养成良好的生活习惯，处处按照要求做，孩子就可以自觉地和父母保持一致了。一旦孩子养成了良好的生活习惯，做什么都有规矩，那就不会随便提出一些特殊要求了。

4.坚持原则，不迁就孩子的行为

孩子任性往往抓住了父母的弱点，父母越怕孩子哭，孩子就越是哭个没完；父母越怕孩子满地打滚，孩子就偏在地上滚个没完。父母对孩子提出的不合理要求，不论他怎么哭，怎么闹，绝不能有任何迁就的表示，坚持原则，态度坚决，而且势必要坚持到底。

5.尽管理解，但在行为上约束孩子

父母要在情绪上表示理解，但在行为上要坚持对孩子的约束。比如在吃饭的时候，孩子忽然想起桌上没有自己喜欢吃的菜，就生气地拒绝吃饭。即便冰箱里有原材料，父母也不要迁就孩子给他做，应明确表示饭菜

已经准备好了，就不应该随便换。假如孩子继续哭闹，就让他饿一顿，等他觉得饥饿时，自然会寻找东西吃。

6.利用积极因素克服消极因素

有的父母认为孩子就是这样任性，估计是改不了的。实际上并非如此，孩子毕竟小，只要父母善于诱导，完全可以改变他任性的毛病。父母在诱导时要多利用积极因素，用积极因素克服消极因素。每当孩子任性时，父母就表扬他的优点，孩子听到表扬之后情绪自然就缓过来了。

孩子爱撒谎，父母不能打骂

既然孩子说谎是心理发展过程中的正常现象，父母就应该因势利导，在不扼杀孩子想象力的前提下，鼓励孩子说实话，这对于孩子心理的发展是非常重要的。而且，并不是所有的谎言都应该批评和反对。

很多时候，孩子的谎言几乎都是善意的，并不会给别人带来伤害，那父母应该做的就是保护孩子的谎言不会伤害自己和他人。

一些父母经常以打、骂等惩罚手段来对待孩子的错误，这时孩子说谎是父母不让他们说真话。有时候孩子被父母哄骗之后心态发生改变，孩子的感情体验不管是积极的、消极的，或是矛盾的，都不应该鼓励他按照父母的意愿来说，而应该按照孩子自己的体验去说。

有时候父母所谓的权宜之计往往会成为孩子说谎的样板，比如有人敲门找爸爸，爸爸不愿见，就叫孩子告诉找他的人说："爸爸不在家。"或者，孩子由于判断不准，把心里想的当作事实说出来，说出自己对现实中不存在的东西的一种想象，比如"我爸爸有一把手枪"，这种谎言说出了

孩子希望的事实和渴望的场景。

李女士的孩子今年8岁了，她把全部心思都放在了孩子身上，关心孩子的生活、成长和学习，关心孩子的喜怒哀乐。不过她实在没有想到，孩子竟然开始对自己说谎了。

孩子不想去上学，希望呆在家里，有姥姥陪着，觉得这样比在学校里和同学们待在一起舒服多了。有一天晚上，爸爸的肚子疼，姥姥和妈妈都劝爸爸第二天别去上班了，好好在家里歇着。这样一来，孩子就觉得生病好，可以不去学校。于是她就开始了，今天跟李女士说这里不舒服，过两天又跟李女士说那里不舒服。刚开始李女士还真担心孩子是哪里不舒服，就让孩子待在家里。但慢慢的，李女士发现，孩子是在装病，而目的就是为了不去学校。

蒙台梭利认为，孩子说谎的最主要原因是孩子的心理畸变。他通过对孩子生活习性的观察发现，在一个陌生的环境中，孩子不能自由地实现自己原有的发展计划，就有可能导致心理畸变的发生，自然而然，孩子就学会了说谎。

孩子喜欢撒谎，这是一种普遍存在的心理现象，甚至有心理学家认为，孩子先天具有欺骗和说谎的能力，任何年龄阶段的人，甚至包括刚刚出生的婴儿，也拥有一些天生的了解别人心理的能力。

小贴士

1.对孩子别有太高的期望

父母对孩子过高的期望，会给孩子增加压力，从而导致孩子说谎。所以父母对孩子的期望值要合理，不要奢望他们做出超出自身能力的事情。父母要以宽容之心对待孩子，经常与孩子交流，消除孩子的心理障碍，成为孩子的知心朋友。

2. 帮助孩子分辨现实和幻想

在面对喜欢幻想的孩子时，父母所扮演的角色是很重要的，父母不应该阻止孩子发挥他的想象力，又要帮助孩子分辨什么是现实、什么是幻想。而孩子的想象转化成谎言，有时仅是一步之遥，这就需要父母正确引导。

孩子拥有想象力是天性，不过假如父母对孩子的想象力一味地赞许，那就有可能让孩子的想象转化为谎言。假如父母一味地反对孩子的想象力，又会扼杀孩子的智力发育。因此，父母需要调整教育方法，及时循循善诱地纠正孩子不好的习惯。

3. 孩子为什么会说谎

假如孩子到了能够分辨是非的年龄依然在说谎，那父母应该找出原因。有的孩子是为了免受处罚而撒谎，他们往往会觉得自己说了真话反而会被惩罚；有的孩子则是处于无奈，在父母的逼迫之下选择撒谎；有的孩子为了讨父母欢心，为了不让父母生气，他们最本能的反应就是不承认自己所做过的错事。

4. 父母以身作则

对喜欢说谎的孩子，威胁或强迫他承认自己的谎言都不是正确的办法，父母最好可以用一定的时间，冷静、严肃地与孩子谈谈。孩子承认错误之后，父母一定要称赞孩子诚实的表现，要这样说"我虽然不满意你做错了事情，但幸好你说出了真相，我实在很欣赏你的诚实"。父母是孩子的启蒙老师，其言行将影响着孩子的成长。因此，父母不要在孩子面前撒谎，即便是善意的谎言，也要杜绝。父母要做到不论对人对事都真心诚意，这样孩子才能坦诚做人。

孩子出现反抗行为，父母要了解他的想法

有一位孩子对妈妈说："为什么我一听见你说学习的事情就来气，我知道你是为我好，但我心里很反感，或许这是一种叛逆心理。假如你不跟我说学习的事情，我很愿意跟你亲近的，而不是像现在这样，我害怕与你交流。"可以说，这是一位逆反期孩子的内心独白。

进入逆反期之后，孩子在生理上发生了很大的变化，身体慢慢开始发育成熟。不过他们生理上的成熟并没有带来心理上的成熟，不少孩子在这一时期出现了叛逆心理。通常逆反期的孩子最希望表现出成人感，有较强的独立意识。

逆反期孩子的心理特征是：情感丰富，情绪波动。逆反期的孩子感情相对脆弱，有时开心，有时莫名伤心，对父母不愿意谈及心事，对朋友却可以敞开心扉；自我意识强。他们自我感觉像个小大人，不过思维情感却还是个孩子；他们开始偷藏自己的日记本，有成人的感觉，喜欢模仿大人的行为，比如涂指甲，讨厌父母的唠叨：不管自己对错，只要是来自父母的批评，他们都积极反抗。

逆反期孩子处于开放性与封闭性的矛盾，他们需要与同龄人，尤其是与异性、与父母平等交往，他们渴望他人和自己一样彼此之间敞开心灵。不过，由于每个人的性格和想法并不一样，难以满足逆反期孩子的这种渴求心理。甚至，有的孩子会把心里话写在日记里，这些日记写下的心里话，又因为好强的自尊心，不愿意被他人所知道，于是就形成了既想让他人了解又害怕被别人了解的矛盾心理，同时也是他们与父母产生叛逆的原因。

小贴士

1.倾听孩子的烦恼

实际上，叛逆的孩子不喜欢父母的唠叨，不过他们却喜欢向别人倾吐自己的心事。父母可以平心静气地当个好听众，他们需要被倾听，这样会分散他们心中的委屈、烦恼。父母可以跟孩子一起去野外散步，或跟孩子一起运动，这样彼此都感觉会很轻松。

2.与孩子进行日记沟通

不论是父母还是孩子，都有心情不好的时候，这时不要把气洒在孩子身上，最好的方式就是写到日记里，然后给对方看。跟孩子约好，互相看日记，这样容易谅解对方。当然，这需要征得孩子的同意，也可以让孩子把心事写到纸条里交给父母，有什么烦恼第一时间回复孩子，帮助孩子走出心理困惑。

3.了解孩子叛逆的特点

父母可以通过了解孩子叛逆的特点，并告诉他这是每个年龄段的心理特征。实际上，叛逆的个性也并非全都不好，但需要引导孩子学会控制自己。假如他开始反驳父母，那证明他已经长大了。当然，父母需要告诉孩子叛逆的缺点和优点，帮助他顺利度过青春期。

4.不要总是拿孩子去比较

在现实生活中，许多父母总喜欢拿自己的孩子跟其他的孩子比较，给孩子了一种强大的压力，其实这样的做法是欠妥当的。每个孩子都是独立的，他们也有自己的优点，只是经常被父母忽视而已。假如父母总喜欢拿自己孩子的缺点跟别人的优点比，那会挫伤孩子的自尊心，自然会触动孩子的逆反情绪。

5.少批评，多鼓励

对正处于逆反期的孩子，父母应该以鼓励教育为主。这个年龄阶段的孩子最反感的就是批评，假如父母经常批评他们一定可以激起其内心的反感。反之，假如父母经常发现他们身上的闪光点，鼓励他们，激励他们，那他们就会如父母所想的那样去努力成长。

6.把孩子当成人对待

父母应该学会平等地面对孩子，把他们当作大人看，这是最关键的问题。若父母高高在上就不容易得到孩子的认可，得不到认可，就不容易知道他们心里究竟在想什么。不知道孩子的心事就难以对症下药，这样就达不到教育的效果。

孩子想独立，父母给予他成长空间

为什么孩子进了逆反期以后，就变得和以前不一样了，不听话了？这是许多父母都感到棘手的问题。教育专家表示，这一年龄阶段的孩子正值身体发育期，生理、心理都有很大的变化。在这个时期，父母不能再像以前那样直接干预孩子的生活，而应从思想入手，增进亲子沟通。否则，孩子容易产生逆反心理，甚至产生敌对情绪。

逆反期孩子一方面觉得自己已经是个成年人，竭力想摆脱父母的管教，不愿意被当作小孩子，渴望有独立的人格，渴望得到父母的接纳、理解和尊重。同时，希望获得某些权利，找到新的行为标准并渴望变换社会角色。在这个过程中，一旦他们自主意识受到阻力，人格发展受到限制，他们就会反抗。此外，由于他们的社会经验不足，自我生活能力还比较差，尚

不能完全摆脱父母，因此他们的内心会产生各种各样的困惑与焦虑。

中国的父母总是过分关心孩子的事情，一旦孩子遇到困难了，他们比孩子还忧心忡忡；一旦孩子出现失误，他们就觉得自己有很大的责任。孩子在物质生活上依赖父母，父母在精神生活方面依赖孩子。假如父母用成年人功利的价值取向要求孩子决定取舍，当孩子的发展不能满足自己的期许时，就会产生教育职能被剥夺的焦虑。

父母对孩子的过分保护会产生两种极端的后果，一方面孩子对父母的指引全盘肯定，对父母过于依赖，形成思维惰性，没办法选择适合自己的生活道路；另一方面，孩子对父母的要求全盘否定，陷入盲目的亲子敌对关系中，强化叛逆心理。再者，父母对孩子辨别能力的不认同，总是入侵孩子的私人空间，会造成孩子自我形象低下，他们会将自己许多青春期普遍存在的适应不良问题都归纳为父母的教育问题，从而激化亲子矛盾。

小贴士

1.对孩子的爱不需要附加条件

父母要给孩子最纯真的爱，不过不能在"爱"的情感中附加任何条件。有的父母关心照顾了孩子，就要求他回报优秀的成绩，这是不行的。而且，父母需要充分信任孩子，有的父母总希望随时监视孩子，知道他的所有事情，知道他的一举一动，这会让孩子十分反感，从而破坏了亲子之间的信任和关系。

2.做好亲子沟通工作

心理学家认为，引导逆反期的孩子，最主要的就是做好亲子沟通工作。与孩子建立良好的亲子关系，不能忽视孩子的存在，更不能破坏性地批评和强迫，否则，这会大大地损害他的自尊心。有的父母总喜欢拿自己孩子的短处与别的孩子的长处做比较，这会引起孩子强烈的抗拒心理。假

如当众管教孩子，那他的逆反心理会更强烈。父母只有多鼓励和表扬孩子，才能拉近彼此之间的亲子关系。

3.对孩子不要强行"溺爱"

备受冷落的孩子希望得到父母的关爱，渴望得到自由的孩子却被父母强行"溺爱"，似乎不能自由呼吸。一旦孩子进入逆反期，父母需要记住：不要想方设法地控制他。假如希望孩子好，就要沉下心来帮助他找出自身的价值观，以平等的方式创造或转移孩子在乎的价值，使孩子产生推动自己的行为。

4.培养孩子的自主性

自主性包括独立性、主动性和创造性三方面。父母在日常生活中要注意培养孩子的自主意识，鼓励孩子自己做主，允许他偶尔做一些不明智但安全的决定，引导孩子从错误中吸取教训。

5.保持孩子独立的人格

父母和孩子都是具有独立人格的个体，谁也没有必要为了对方而牺牲自己，更不可以将自己的主观意志强加给对方。这将意味着父母与孩子之间应保持适当的心理距离，不要过于卷入。父母不可能始终陪伴在孩子身边，为他的一切选择做主。为了孩子未来能够适应社会，现在就要培养孩子独立的人格。

孩子不喜欢被管，父母要巧妙应对

心理学研究认为，进入逆反期的孩子独立活动的愿望会变得越来越强烈，他们觉得自己已经不是小孩子了。他们的心理会呈现矛盾的地方：

一方面想摆脱父母,自作主张;另一方面又必须依赖家庭。这个时期的孩子,由于缺乏生活经验,不恰当地理解自尊,强烈要求别人把他们看作是成人。假如这时父母还把他们当成小孩子来看待,对其进行无微不至的关怀、唠叨、啰唆,那孩子就会感到厌烦,感觉自尊心受到了伤害,从而萌发出对立的情绪。假如父母在同伴和异性面前管教他们,其"逆反心理"会更强烈,这时父母要巧妙管教。

孩子平时不愿意跟父母交流沟通,处处与父母对立,不是频繁地发脾气、与父母争吵,就是乱扔衣服、不写作业,有时还会逃学、夜不归宿。父母没有两句话,孩子就会摔门而去,或者说:"得了,得了,我什么都懂,一天到晚数落什么,我不需要你们管!"在学校与同学关系也不和睦,说话总是尖酸刻薄。老师教育他,嘴皮都说破了,他依然不动声色。父母为此都愁死了,不知道该怎么办。

许多父母经常抱怨孩子越来越不听话了,整天不想回家,不愿意与父母说心里话,做事比较任性。而孩子却说,父母一天到晚唠唠叨叨,规定这不许,那不准,真是讨厌。显然,父母与子女是在对着干。

小贴士

1.倾听孩子的想法

父母要善于营造聆听气氛,让家里时时刻刻都有一种"聆听的气氛"。这样孩子一旦遇上重要事情,就会来找父母商量。父母需要抽出时间陪伴孩子,比如利用共聚晚餐的机会,留心听孩子说话,让孩子觉得自己倍受重视。父母需要做的是顾问、朋友,而不是长者,只是细心倾听,协助抉择,提出建议,而不插手干预。

2.对孩子采取温暖的方式

父母不能因为孩子是自己的,想打就打,想骂就骂。其实这样的教育方式恰恰错了,效果会适得其反。父母可以换个角度思考,站在孩子的立场,教育孩子,处理突发事件。父母应以情感人,以理服人,毕竟小孩子一时半会想不通,需要留给他们一些思考的时间。

3.冷静面对孩子的逆反心理

通常孩子不太懂得控制自己,当他对父母的管教不服气时,他可能情绪会比较激动,可能会冲父母发脾气,可能会有过激的言语和行为,这时父母千万不要跟着孩子一起着急,要想办法控制孩子的情绪,可以先把事情暂时放一放。孩子顶嘴,父母即便再生气也要保持冷静,控制住自己的情绪,不能一看到孩子顶嘴就火冒三丈,甚至对孩子拳脚相加。因为这样做不仅无助于问题的解决,反而会使双方的情绪更加对立,孩子会更加不服气,父母会更生气,这样只会激化矛盾,不利于任何事情的解决。

4.与孩子聊天

当孩子有了逆反的苗头时,要与孩子进行一次亲切的聊天,明确告诉他逆反是一种消极的情绪状态,父母、老师、同学都不喜欢,这样会影响自己的人际交往。长时间下去,孩子会变得蛮横无理,胡作非为,不利于自己身心和谐正常发展。父母可以告诉孩子:对孩子的逆反,做父母的有多担心和顾虑,让他感受到他的逆反给身边的人造成的感情负担。

5.尊重孩子独立要求

有的父母出于对孩子的关心,一心一意想让孩子在自己的庇护下长大成人,而孩子开始有强烈的独立自主要求,对父母强压给的想法和观念十分不满,从而感到逆反,容易与父母产生冲突。对于孩子的合理意见,父母要尊重,不要对孩子发号施令,以免让孩子产生抵触心理,对孩子尽可

能地用商量的口吻"我认为""我希望",以此改善孩子与父母的关系,减少孩子的逆反心理。

6.批评孩子有技巧

不讲方法、不分场合地批评孩子,孩子犯了一个错误就要把他过去的种种错误全都翻出来,随意地贬低和挖苦孩子,教育孩子时连同他的人格一起做出批判,这些是很多父母的通病,也容易引起孩子的逆反。要想减少孩子的对立情绪,父母就不能滥用批判,批评孩子前先要弄清事情的原委,分清场合,更不要贬低孩子的人格,批评孩子时要考虑孩子的情绪。而且,好孩子都是夸出来的,对孩子要多些表扬少些责怪,经常想想孩子的长处,关注孩子的点滴进步,寻找孩子身上的闪光点。这样一来,孩子平时受到的表扬和鼓励多了,犯了错误也容易接受父母的批评。

7.父母教育方式要保持一致

面对孩子的教育问题,父母要保持一致的思想。不能父亲这样说,母亲又那样说;父亲在严厉地教育孩子,母亲却在一边护短。面对孩子的教育问题,父母可以先商量一下策略,口径一致后,再与孩子进行交流。

8.正确"爱"孩子

父母应该意识到,对孩子过分的溺爱,实际上是害了他。父母应对孩子既要爱护又要严格要求,对孩子不合理的要求,不能无原则的迁就。假如孩子的企图第一次得逞,之后就会习惯由着自己的性子来,到时候父母想管教也是无能为力了。当孩子生气时,父母应避免大声斥责。这时可以让孩子做一些能吸引他的事情,稳定其情绪,转移其注意力。等到孩子情绪稳定之后,再耐心地教育他。

第 06 章
孩子讨厌学习，想办法积极提升他的学习意愿

孩子在进入逆反期之后出现了厌学等一些情况，父母也不要太过于紧张，平时多和孩子沟通，了解孩子厌学的原因。在这一时期孩子的教育，父母要清楚不能使用简单粗暴的教育方式，这样会加强孩子的逆反心理。

孩子学习没计划，父母与他一定制订计划

面对孩子的学习问题，有的父母觉得她还小，没有必要拟定什么学习计划，任他们自由发展就行了。而大多数父母都为孩子制订了学习计划。虽然在现实生活中，绝大多数孩子都有在父母帮助下制订的学习计划，但却往往不能成功地施行。主要原因在于他们的学习计划不合理，不是太空泛，就是太难操作。

在学习时就能安心学习，在活动时就会自觉去参加活动，当这些都成为了自觉性的行动，时间长了，就会养成了良好的学习习惯。而且，学习计划是科学性的，当孩子知道自己如果再多玩一个小时，多聊一个小时，那就会让自己计划里的某项任务完不成，而这项任务会给自己整个学习带来影响，那他就会克制自己想玩的欲望。

几乎每一位父母都关心孩子的学习，希望他能全方面地学习，但有的父母却不得要领，事必躬亲，但却见不了成效。实际上，父母作为孩子的领航者，应该帮助其制订可行的学习目标和学习计划，以兴趣作为孩子最好的老师，让他在愉快中学习。

对孩子来说，考试100分就算是一个目标，然而，要达到这个目标则需要一份完整的学习计划。制订有效的学习计划，有助于孩子养成良好的学习习惯。按照科学的学习计划行事，可以让自己的学习生活节奏分明，一旦形成了就会有相应的条件反射。

小贴士

那么，父母应如何引导孩子制订学习计划呢？

1.引导孩子制订学习计划

许多父母抱怨孩子太累，要看要学的东西太多了，每次面对课本都无从下手，其实造成这个现象的最大原因就是孩子学习没有计划性。制订一个学习计划可以快速提升学习效率，让孩子在有限的时间里最大限度地完善自己的不足之处。比如，制订日计划和周计划，将计划与课本内容相结合，每天哪个时间段看什么课本，在多长的时间内应该看完这本书，多久的时间来进行复习，看到什么样的程度之后需要通过做题来检验。

2.引导孩子合理安排时间

举个例子，某同学每天学两个小时的数学，这对他而言是合适的学习时间。但在一次考试中，数学成绩开始出现下滑的现象，那么他会从现在开始每天用三个小时来学习数学吗？当然不是，因为他不可能长时间保持每天三个小时学数学而不感到厌倦，一旦自己对学习感到厌烦了，学习成绩就会下降。父母应该明白这个道理，告诉孩子坚持计划，就是保持过去适合自己的学习时间不动摇，一次的考试成绩并不能否定你之前制订的有效学习计划，只有每天按照自己制订的计划坚持下去，才会达到自己的目的。

3.让孩子将短期和长期计划相结合

当孩子在开始任何学习之前，父母都需要为他制订一个周密的学习计划，短时间的，比如3个小时自习时间，然后分成若干个时间段，每段时间做哪个科目，如此计划好；长时间的，比如看课外读本计划，半个月的时间看完一本书，每天看几页，一天中的哪个时间段适合看书，这些都需要写在学习计划里。

4.指导孩子早晚预习和检查自己的学习计划

父母可以引导孩子每天早上醒来，躺在床上闭着眼睛，想想这一天有哪些事情要做，哪些章节要看，哪些习题要写。把这一天的时间都计划好，然后按照自己的计划去严格执行。晚上睡前检查一下，今天的计划是不是都完成了，完成的结果是不是让自己都很满意，就这样，每一天、每一周、每一个月，早晚都要预习和检查自己的学习计划，才能切实地提高孩子的学习效率。

5.让孩子做时间的"小主人"

同样是一天，不同的人会有不同的效率。比如，有的孩子善于科学地安排自己的学习时间，学习和生活井井有条，所显示的效果也很好；有的孩子却相反，整天瞎忙一团，学习和生活毫无规律可言。对此，父母要指导孩子清楚自己一周之内需要做的事情，然后制订一张日作息时间表，在表上填一下非花不可的时间，比如吃饭、睡觉、上课、娱乐等等。然后选定合适且固定的时间用来学习，留出足够多的时间来完成老师布置的阅读和作业。

当然，当父母引导孩子制订好一份学习计划之后，还需要及时调整。当计划执行到某一个阶段的时候，需要检查他的学习效果，并对原计划中的不合适的地方进行调整。而且，计划制订之后需要坚决执行，否则前面所做的就是无用功。对于那些喜欢拖拉的孩子而言，坚定执行计划是极具挑战性的。

孩子听不懂，父母要引导孩子预习功课

孩子在学校学习的时间是有限的，如果他能养成预习的好习惯，课前

把那些原本不会的学会了，掌握了新知识，对新知识积极思考，时间久了就会养成良好的学习习惯，提高孩子的自学能力，在以后的学习生涯中，孩子就会觉得越学越会学，越学越轻松，学习成为了一种能力，自然也就不用父母操心了。

这些天爸爸出差去了，妈妈担负起了辅导孩子艳艳功课的任务。可是，让妈妈感到困惑的是每次辅导艳艳的作业，艳艳对那些白天所学过的知识完全陌生。妈妈向孩子问道："上课的时候有没有认真听老师的？""有，可是我听不懂。"孩子一本正经地回答，妈妈又问道："听不懂为什么不问老师呢？""老师下了课就走了。"孩子显得很无辜。妈妈不得不临时当起了老师，把知识重新讲解了一遍，这时候艳艳才明白了。妈妈辅导孩子完成作业，直到快10点了才弄完。最后，妈妈叮嘱艳艳，明天上课可要认真点，可不料第二天回来艳艳对那些讲过的知识还是一知半解，妈妈有点生气了，难道老师没有讲清楚吗？

其实，并不是老师没讲清楚，而是孩子疏于课前的预习。在课堂中，老师讲授的新知识，都是在学生现有的知识水平的基础之上进行的，由于课堂的时间有限，老师也不会提供太多的时间让学生去思考。在这种情况下，如果学生对老师所讲述的知识一无所知，势必就难以理解老师所传授的知识，即便能够理解一些，对于学生来说也很有难度。这样一来，孩子的学习就会处处被动，所接受的知识也很有限，自然也就会降低课堂效率。

很多父母都有一样的担忧，即使老师已经放慢了教学的速度，孩子们还是普遍反映自己理解很困难。其实，这时候孩子刚开始接触系统知识的学习，本来就比较有难度，而教材的改革也给他们的学习带来了不少的挑战。因此，在这一情况下，父母要帮助孩子做好预习工作，并让孩子养成

预习的良好习惯，这对于他以后的学习生涯都是十分有益的。

小贴士

1.帮助孩子养成预习的良好习惯

父母要帮助孩子养成预习的好习惯，刚开始的时候，父母需要有点耐心，告诉她怎么样预习，什么时间预习，预习哪些内容，还可以适当地提出几个问题，让他带着问题去预习。长时间的指导之下，孩子就会把预习当作学习的一部分，养成预习的良好习惯，这时候，他就会觉得听老师讲课没有困难了，也体会到了轻松学习的乐趣。

2.教给孩子预习的方法

父母还应该掌握预习的方法，通过这些方法慢慢引导孩子，让他能够独立地完成预习工作。预习并不是把老师即将要讲的知识粗略地浏览一遍，这其实只是预习的一个步骤，那要怎样预习才能提高学习效率呢？预习主要是让他知道哪些知识是看得懂，哪些知识是不能理解，哪些地方感到困难，哪些地方觉得有问题，这样才能有效地做到预习工作。

（1）浏览

引导孩子首先浏览一遍新知识，阅读文本教材，阅读下面的注释，浏览课后的练习。也就是在正式学习之前浏览教材，了解教材的结构和知识的内在联系，预习每一个知识点。

（2）查阅工具书

面对那些不理解的知识，要让孩子学会查阅工具书，扫清阅读障碍。因为在新知识里，必定或多或少地有些他不理解的知识点，这时候就需要他在预习的时间用笔勾划出来，并通过查阅相关工具书进行注释。

（3）思考

预习并不只是用眼睛看一遍，父母可以在预习的开始给孩子提出几个问题，让他带着问题预习，带着问题思考。对于一些简单的问题，父母可以讲解给孩子，若是一些困难的地方，父母可以告诉他明天老师讲解的时候需要认真听，找到相关的答案。

刚开始的时候，父母要带着孩子一起预习，把这样的方法教给他。后面，父母就可以以辅导者的身份指导孩子，久而久之，他就能独立完成预习工作了。

孩子偏科，父母要找到背后的原因

父母应该明白，造成孩子偏科的原因是多方面的：首先是他的心理因素，由于父母过多的表扬和无意识的暗示，使他产生了认识偏差，认为自己只要某科学得好，别的都不重要。在逆反期，由于个体差异，有的孩子在逻辑和抽象思维方面没有形象思维发展快，会出现偏科现象；其次，孩子在学习过程中没能把每科知识点细化，一旦学习有难度，他就会逐步失去对该学科的兴趣；最后，孩子不能跟随老师学习，不能理解老师所讲述的知识点，不能完成作业，这些都有可能造成偏科。

罗妈妈眉头紧皱，她讲了自己担忧的一件事："我孩子早在八九岁的时候，就对乡下田地里出现的碎瓷片很感兴趣，经常捡一些回家收藏，之后还买了许多陶瓷的书籍阅读，我们都觉得她在这方面很有天赋。

"进入初中之后，她对青铜器和古文字的研究更是到了痴迷的程度，常常一个人关在房间里看考古方面的书籍。可是，面对她这样的情况，我

们却很担忧,她的语文成绩很突出,但英语和数学却相对表现出弱势,拖了后腿,我真的很着急,她现在的成绩一直在重点中学分数内上下浮动,由于受到数学成绩的限制,想考更好的大学很危险。我们一家人都为此担忧,希望孩子能把数学和英语成绩补起来,但孩子很坦然'我就喜欢考古,不喜欢数学和英语'。我真不知道该怎么办呢?现在模拟测试成绩出来了,由于数学和英语的牵绊,孩子的分数离重点中学还有很大一段的距离,恐怕是她空有一技之长,也是深造无门啊。"

华东师范大学资深心理咨询师陈默这样说道:"要纠正偏科,首先要搞清楚引起孩子偏科的原因,然后对症下药,才能取得好的效果,有些先天弱势可以通过家长的正确引导来纠正,否则只会在偏科的路上越走越远。"

父母在关注孩子学习情况的时候,无意中会发现一个有趣的现象:他们做有些科目的作业速度很快,轻松自如;而在做另外一些科目的作业时,却总是磨磨蹭蹭,拖拉半天连本子都没打开。每每到了这个时候,父母就忍不住生气了:"怎么总是这样拖拖拉拉?"意识到孩子这门功课不太好,就想方设法地给孩子找老师辅导,但是,现实情况依然是"老黄牛拉破车",没多大进步,难道是孩子太笨了吗?

其实,造成这样情况的原因并不是因为孩子太笨了,而是孩子偏科的症状。有数据显示,大约有21%的小学生有偏科现象,到了高中,偏科学生的人群更是上升到了80%。对此,教育专家提醒,孩子的偏科应发现得越早越好,只要父母正确引导,找到孩子弱势科目的原因,就可以避免把早期的学科弱势发展成偏科。

小贴士

1.不要给孩子偏科的心理暗示

许多父母在发现孩子偏科现象的时候，会忍不住说"啊，英语确实太难了""我以前读书时也是作文总也写不好"，如此，就会给他偏科的心理暗示。可能有的父母只是想给孩子一点鼓励，告诉他自己曾经也遇到过这样的困难。但是，对于学习阶段的孩子来说，这样的话很可能给他带来的是偏科的心理认同教育，暗示孩子"偏科真是没办法纠正"，将加重他的偏科程度。

2.对待孩子偏科现象，要摆正态度

作为父母，对孩子偏科的态度是什么？其中，有20.93%的父母选择了"完全不能接受，孩子必须全面发展"，58.14%的父母选择"一定程度上可以接受，甚至一定条件下鼓励偏科"，剩下的父母则选择了"凭孩子自由发展"。心理学家认为，父母持有什么样的观念，决定着父母在纠正孩子偏科中的角色。

3.培养孩子对弱势学科的兴趣

"兴趣是最好的老师"，有的孩子偏科就是对该学科缺乏兴趣。对此，父母应想办法培养孩子对弱势学科的兴趣，多给他讲这个科目在现实生活中应用的事例，让他从心理上自觉消除厌恶感和抵触感。

4.联合孩子偏科老师共同鼓励

另外，你可以找孩子偏弱学科的老师细心谈一次，让老师鼓励他学好这门功课。告诉孩子"老师跟我说，其实你学英语挺有天赋的，因为你的记忆力很好"，如果老师能细致地关心一下他，那么，一定会收到"春雨润物细无声"的效果。

女儿不擅长数学，父母应纠正认识偏差

在传统观念里，女生擅长学文科，而理科则是男生的天下。但是，教育专家却认为："女生更有学理科的优势，相对于男生，女生贵在能够沉下心来，记忆力好，虽然反应可能不及男生快，但只要将勤补拙，学习理科不会比男生差，尤其在准备率方面，女生会高过男生。"

难道我引导孩子学文科真的有错吗？这个疑问也反映了大多数父母的困惑，在人们传统的思维中，似乎女性更多地应选择教师、文秘、新闻、艺术等职业，而学理科不是很适合女性，尤其是跟体力有关的工科。在中学校园里，理科班大多是男生，只有寥寥几个女生做点缀，女生大部分被定义为"文科生"。之所以说女生"被"定义为文科生，是因为长期以来，社会和人们都认为女孩子应学文而排理。

一位物理老师在教学两年中，总结出这样一段话："工作两年多了，我发现班里的女生物理成绩明显不如男生，是什么原因呢？并不是女生变笨了，而是存在部分的性别差异和心理差异。从生理上看，男女生在智力相同的条件下也有不同的智力特点，男生的逻辑思维、抽象思维占优势，而女生擅长于形象思维。而物理等理科恰恰靠的是逻辑思维，因此，女生学习理科会存在一定的困难；从心理上来说，女生敏感多愁，情绪稳定性差，她们存在一定的自卑心理，曾有一位成绩优异的女生告诉我'老师，我很自卑，我觉得什么都不如人家'，在这样的心理特点上，她们觉得理科更加困难，偏科的现象更严重。"

小贴士

1.摆正心态，引导孩子纠正偏科现象

女孩子偏文科现象严重，除了其本身的生理、心理特点以外，还在于父母引导的错误观点。许多父母认为"女孩子嘛，就适合做老师、文员之类的，没有必要太辛苦"。对此，父母要摆正心态，引导孩子培养对理科的兴趣，比如"理科学习好了，可以帮助你掌握一门真正的本领，在生活中是很实用的"。

2.让孩子学会动手

男孩子为什么逻辑思维、抽象思维那么好，因为男孩子比较调皮，喜欢动手拆东西，组合新的东西。在许多化学、物理的实验课上，许多女生都是站在一边看男生做实验，自己则只抄一个数据，这样对学习是很不利的。对此，父母要鼓励孩子，不要怕弄坏仪器，要敢于动手操作，告诉她："理科是一门以实验为主的学科，许多知识需要在实践中体会。"

孩子患了厌学症，父母要及时帮他解压

在现实生活中，许多孩子一提到上学就感觉浑身难受，出现肚子疼、出汗、失眠等症状，到医院做检查却发现孩子身体没问题。这时候，作为父母就应该引起注意了：孩子有可能得了厌学症。厌学症是目前青少年诸多学习心理障碍中最普遍的问题，是青少年最为常见的心理疾病之一。

引发孩子厌学症的原因很多，大致可以分为主观原因和客观原因。主观原因：许多孩子自身比较懒惰，怕苦怕累，总觉得学习是一件很苦很累

且很乏味的事情，一看到书本就头痛，总想找机会逃避学习。或者，有的孩子在学习上付出了很大的努力，但每次考试都不理想，他们就觉得自己不是学习的料，开始厌倦学习。

客观原因：校外娱乐场所，诸如电子游戏室、网吧等带来的影响。有的则是父母强制孩子学习，影响到孩子对待学习的态度。学业太繁重，孩子每天都沉浸在学习中，没有时间放松，使得他们对学习产生逆反心理和厌倦心理。

从心理学角度来看，厌学症是指孩子消极对待学习活动的行为反应模式，主要表现为学生对学习认知存在偏差，情感上消极对待学习，行为上主动远离学习。那些患有厌学症的孩子往往对学习失去了兴趣，他们没有明确的学习目的，恨书、恨老师、恨学校，严重者甚至一提到上学就恶心、头昏、脾气暴躁、歇斯底里。

小贴士

1.让孩子体验到成功的快乐

趋乐避苦，这是人之常情。如果孩子在学习上总是摔倒，他们体验不到成功的乐趣，自然不愿意努力学习。那么，父母可以制造机会，比如，孩子英语比较差，你可以让他先做几道简单的习题，让他轻松完成之后，体验到学习的乐趣，再逐步增加习题的难度。

2.降低对孩子的期望

父母总说考试要考第一，但是，"第一"只有一个，不是每个孩子都可以做到的。因此，作为父母应该正确认识这样的结果。在与孩子交流的过程中，了解他的学习困难，帮助他制定切实可行的学习计划。在学习之外，要多与孩子沟通，孩子考试失败了，对他说："你是最棒的！""你

已经尽力了！"帮助孩子重新树立信心。

3.引导孩子积极的自我暗示

那些经常给予自己积极的心理暗示的孩子，他们往往能避免学习的失败。对此，父母要引导孩子学会积极的自我暗示，经常对自己说一些激励的话。比如，每天早上起来，对着镜子说"我是最棒的""今天又是美好的一天"。

孩子恐惧考试，父母要引导他做好复习

面临着孩子最重要的考试，许多父母都慌了，不约而同地提出同一个问题：怎么样帮助孩子复习功课呢？有的父母甚至觉得自己本来文化程度就不高，现在课程又进行了大幅度改革，有的问题自己都看不懂，更别说辅导孩子复习了。

眼看着孩子如此紧张，自己却帮不上任何忙，心里感到很对不起孩子。其实，父母不能代替孩子学习，但可以从方法、策略、习惯等方面来指导孩子，一旦孩子掌握了正确的方法、良好的习惯、科学的策略，那么复习效果自然就会体现出来。

晚上九点，小雯还在为两道数学题而伤脑筋，这两道题从八点就开始做了，妈妈在旁边看着，心里也很着急。眼看时间就快过去了，妈妈果断地对小雯说："这两道题太难了，你先放一放，今天先休息吧，明天再看看，也许就能解答了。"小雯满脸沮丧："从八点到现在，我什么都没有干，已经浪费很多时间了。""可是，现在太晚了，你再纠结下去，还会浪费更多的时间，休息好了明天才有精力应付其他的复习。"妈妈安慰

道，小雯闷闷不乐地收拾东西回自己房间去了。

一旦孩子到了学习最重要的阶段，老师讲课速度比较快，平时留给孩子们的作业也比较多。有不少孩子在复习功课时缺乏计划，一会儿背英语，一会儿做数学题，这样杂乱无章的复习计划，结果哪一科也没有学好。

所以，要想孩子的复习取得事半功倍的效果，父母应该和孩子一起制订一个适合自己水平与进度的复习计划，在复习计划制定过程中，父母有必要给予相应的提示和建议。

小贴士

1.引导孩子制订合理且完善的时间表

许多孩子虽然按照计划复习了，却并没有取得良好的效果，造成这样的结果原因是多方面的，有的复习计划太过于笼统，不够完善，孩子没有充分支配好复习时间，自然达不到预期的效果；有的复习计划太过于繁琐，细到每一分每一秒做什么，孩子并不是士兵，在这样的复习计划下，也会打击他的积极性。所以，父母要帮助孩子制订一个相对完善的时间表，既要涵盖每个月的整体安排，又要包括每个月以及每天、每时的细节规划。

2.复习计划要紧中有松

针对重要考试所制订的复习计划，时间安排肯定是很紧的，但是复习计划还需要留有一定的余地，切忌"满打满算"。比如，晚上七点到八点复习语文，八点就开始复习数学，这样安排就太紧了，在这中间应该有个缓冲时间，七点到八点是语文时间，八点十五分以后才复习数学，这样，语文复习之后可以轻松一些，喝水或者小憩一会，稍微休息，而不是"连轴转"，以免孩子身体会承受不了。而且，留有余地还可以保证上一时

间段复习计划的完成，万一时间到了，但孩子还有一些问题没有做完，中间这十五分钟就可以解决那些遗留的问题，也不至于让孩子产生浮躁的情绪。

3.引导孩子随机应变执行复习计划

其实，在执行复习计划时也需要懂得适当放弃。有的孩子性子比较倔，在复习过程中碰到了一道难题，卡了一个小时也没有思路，却非要做出来不可，结果把一个晚上的时间都浪费了。而且，到最后那道题还是没有解出来，其他的计划也耽误了，这样孩子的情绪也会受到影响。所以，父母需要告诉孩子要灵活地执行复习计划，先完成其他科目的复习计划，如果后面还有剩余时间，再回过头来处理"遗留问题"，如果没有时间就放到后面再做。

4.孩子复习要兼顾全面

有的孩子有种畏难情绪，对自己喜欢的科目就先复习，对自己不喜欢的科目就放到后面；有的孩子喜欢先复习自己的强项，再复习自己的弱项。其实，这样对整个学习计划都是有影响的，那些不喜欢的科目、弱项会受到影响，始终没有得到实质性的提高，导致喜欢的科目、强项越来越强，不喜欢的科目弱项越来越少。其实，每个孩子都有自己的强项与弱项，父母要告诉孩子，优势要强化，劣势也要弥补。

5.坚持复习

父母应该提醒孩子，执行复习计划贵在坚持，不要三天打鱼两天晒网。有的孩子将复习计划制定得很好，但只执行了两三天，遇到了困难就放弃了，本来的复习计划也就形同虚设了。当然，这需要父母在旁边监督，引导孩子认真展开复习工作，让他轻松自如地应对考试。

让孩子认识到学习的意义

近年来，多家心理咨询门诊反映，青少年心理门诊就诊人数逐年上升。这些孩子本应该朝气蓬勃、无忧无虑，但是，他们却总是把"郁闷""纠结""迷茫"这样的词儿挂在嘴边。对此，某心理咨询室关于一项"孩子心理健康"的调查显示：高达85%的初中以上的青少年认为自己"没有梦想"，许多人表示"对于自己的未来非常茫然"。

一位正处于迷茫的孩子这样说："小学的任务就是上好的初中，初中的任务就是上好的高中，上好的高中是为了上好的大学。终于上大学了，我却不知道自己的前方到底是什么？我该何去何从？"差不多这个年纪相当的孩子，都表示说"没什么梦想"，根本不知道"何谓梦想"。同时，他们觉得学习没用，有孩子说"亲眼看到读到博士后的人却过着清贫的生活，不知道这到底是为什么"。一方面，是社会的现实在刺激着他们，让他们开始质疑自己一直以来坚持的东西是否错了；另一方面，从小凡事由父母作主，渐渐地，他们已经丧失了追逐梦想的激情。

从古至今，在社会上，读书无用论从未消失过。台球神童丁俊晖不读书，照样拿世界冠军；青年作家韩寒，高中严重偏科，后来干脆辍学当起了作家，而且，其作家之路可谓是风生水起等。这样一些鲜活的例子冲击着孩子们的心理，逐渐使孩子们开始怀疑"读书是没用"的这一论断。作为父母，不能让孩子只盯着所谓成功的捷径而无视知识对一个人健全成长的重要性。

"许多大老板没什么文化，有文化的却只能给人家打工"，这是许多孩子脱口而出的话。对于这样的观点，父母十分担忧，甚至，不知道该怎么样和他沟通。不过，如果孩子不能及时明白这些道理，他就会一直这样

迷茫下去。

小贴士

1.引导孩子树立正确的观念

从事多年教育工作的韩秀珍老师说："孩子不喜欢读书、认为读书没用，往往是两方面的原因：学习很苦很累，受父母以及周边的影响。如果是受父母以及周边人的影响，父母应该告诉孩子这种看法太片面。你可以告诉孩子：如果某某多读几年书，可能现在的状况会更好。"

如果孩子觉得学习太苦而认为读书是没用的，那么，父母应该告诉他："世界上没有哪个国家的学生会认为读书是一件轻松的事情，现在是打基础的阶段当然会辛苦一点，但知识多了，将来应付困难的方法就越多，学习其实就是苦中作乐。"同时，父母不要经常在孩子面前抱怨工作多累多苦，这会给他一个不好的印象，影响他面对挫折时的态度。

2.帮助孩子找回梦想

大多数孩子对自己未来很迷茫，那是因为他们失去了自己的梦想。心理专家介绍说，许多孩子不了解"我是谁""我的梦想是什么"，那是因为他们的人生被父母设定了，而他们也失去了自己的梦想。

大多数孩子并不知道自己拥有什么优势，只是无奈地接受父母或其他人的想法。其实，每个孩子都有一个梦想，这颗梦想的种子在心灵的土壤中等待被发现。一旦孩子确定自己的目标，那颗种子很快就会萌芽、不断生长。对此，父母需要重新审视自己在孩子人生路中充当的角色，耐心问他"你想成为什么样的人""你的梦想是什么"，帮助他找回失去的梦想。一旦他觉得学习是为了实现梦想，那他就不会觉得学习是无用的，当然，也不再会感到迷茫了。

第 07 章
孩子若不受人喜欢,父母要为他营造良好交际环境

孩子进入逆反期,会有一些逆反行为,比如与小伙伴相处不好,不懂得分享,与同学容易发生矛盾等,这样会滋生一些社交恐惧,使他的人际关系变得糟糕。在这一阶段,父母应该积极引导孩子的逆反行为,让孩子轻松自如地进行社交。

孩子好嫉妒，父母要给予心理疏导

孩子的嫉妒具有明显的外露性，有时还具有攻击性、破坏性。孩子的嫉妒与成年人的嫉妒有不同之处，主要是不能有效地控制自己的情感。孩子直接而坦率地表露情感，根本不考虑后果。比如自己很想要的玩具，妈妈不给买，他就会特别讨厌那些有这种玩具的孩子，有时甚至会把人家的玩具弄坏。

孩子大约从1岁半到2岁起，他们的嫉妒心理就开始有了明显而具体的表现。刚开始孩子的嫉妒大多与母亲有关，假如自己的母亲将注意力转移到其他孩子身上，孩子就会以攻击的形式对别的孩子发泄嫉妒心理。

8岁的乐乐是一个非常可爱的孩子，一个周末，乐乐妈妈的同事带着自己7岁的儿子到乐乐家里玩，妈妈很热情地接待了他们，并开心地逗同事的儿子玩耍。刚开始，乐乐也挤过去亲了亲小弟弟，不过没过多久，乐乐就有些不高兴了，因为妈妈抱着小弟弟，一点也没有放下的意思，还又亲又笑，乐乐觉得自己受到了冷落。

于是，乐乐开始大声唱歌，但没有人注意她。乐乐又跳起了自己最擅长的舞蹈，不过还是没有人来搭理她。终于，乐乐忍不住了，她忽然间摔坏了自己的杯子，然后坐在地板上放声大哭，结果把妈妈的同事和妈妈弄得十分尴尬。

可以说嫉妒是一种消极的心理，是对别人在品德、能力等方面胜过自

己而产生的一种不满和怨恨，是一种被扭曲了的情感。如果孩子将这样负面的心理保留到以后，那孩子就会难以协调与他人的关系，难以在生活中保持心情舒畅。所以父母需要针对孩子的这一负面心理，纠正孩子的嫉妒心理。

小贴士

1.让孩子理解人与人之间客观存在的差异性

父母应教育孩子理解人与人之间客观存在的差异性，让孩子明白每个人有自己的优势和长处，同时每个人也有自己的劣势和短处。引导孩子充分发挥自己的长处，扬长避短，在生活和学习中学会正视别人的优势和长处，欣赏别人的优点，从而可以学习、借鉴对方的优势，以弥补自己的不足。

2.倾听孩子心中的烦恼

孩子的嫉妒是直观的、真实的甚至是自然的，完全不似成年人嫉妒心理那样掺杂着许多的因素，它只是孩子对自己愿望不能实现而产生的一种本能心理反应。所以，父母不要盲目地对孩子的嫉妒行为进行批评，而应耐心倾听孩子心中的烦恼，理解孩子没办法实现自己的愿望所产生的痛苦情绪，便于孩子因嫉妒产生的不良情绪可以得到宣泄。

3.了解孩子产生嫉妒的原因

父母只有了解孩子产生嫉妒的原因，才能对孩子进行有针对性的教育。通常孩子的嫉妒心理产生的原因有三：一是环境影响。假如在家里，父母之间互相猜疑，互相看不起，或当着孩子的面议论、贬低他人，会在无形中影响孩子的心理。二是孩子能力较强，不过某些方面比不上其他孩子。通常各方面都比较弱的孩子，他们会处于安分的状态，因为他们已经

习惯于当弱者。而那些能力较强的孩子，就会对别的有能力的小朋友产生嫉妒。三是不恰当的教育方式。有的父母经常对自己的孩子说他在什么方面不如某个小朋友，让孩子认为父母喜欢别的小朋友，不喜欢自己。这些孩子就会因为不服气而产生嫉妒。

4.对孩子表扬和批评要得当

大多数孩子都喜欢受到表扬和鼓励。父母的表扬得当，可以巩固其优点，增加孩子自信；若表扬过度或不当，会使孩子骄傲，从而看不起别人。由于孩子年龄较小，自我意识刚开始萌芽，还不会全面地看待问题，所以不能正确地评价自己和别人。所以父母对孩子的品德、能力的评价应客观正确，适当指出孩子的优点和缺点，让孩子明白每个人都有长处和短处，帮助孩子正确评价自己。

5.让孩子学会谦和

一般嫉妒心理产生在有一定能力的孩子身上，他们觉得自己有能力，却没有受到别人的表扬，所以对那些受到注意和表扬的孩子产生嫉妒心理。父母对此要对孩子进行美德教育，让孩子懂得"谦虚使人进步，骄傲使人落后"的道理。让孩子明白即便没有人称赞自己，自己的优点依然存在，假如继续保持优点，又虚心向别人学习，那自己才会得到更多人的喜欢。

6.帮助孩子分析与其他孩子产生差距的原因

孩子的思维方式主要以具体的形体思维为主，通常不具备对事物进行全面分析的能力。孩子往往会将自己的嫉妒简单地归于自己或所嫉妒的对象，而不去考虑其他因素。所以，父母可以帮助孩子全面分析造成自己孩子与所嫉妒对象之间的差距产生的原因，能否缩短这些差距，采用什么样的方法来缩短这种差距，化解内心的不平衡。

7.帮助孩子树立正确的竞争意识

大多数有嫉妒心理的孩子都有争强好胜的性格，父母要引导和教育孩子用自己的努力和实际能力去与别人比较。竞争是为了找出差距，更快地进步和取长补短，不可以用不正当、不光彩的手段去获取竞争的胜利，要将孩子的好胜心引向积极的方向。

孩子霸道，父母要对症下药

现在绝大多数孩子都是独生子女，因而他们都成了家庭的"中心人物"，父母都以孩子为中心，独生子女缺乏与伙伴分享交往等是造成孩子"霸道"、不会分享的根源。但是，只要父母从这些根源出发，对症下药，就能让孩子体会到分享的甜头，继而学会分享。

互惠原理认为，我们应该尽量以相同的方式回报他人为我们所做的一切，即受人恩惠就要回报。在日常生活中，许多孩子都有着这样的特点：表现得非常霸道，独占欲很强，喜欢一个人玩，在游戏中经常把许多玩具放在自己的周围，并常常对那些企图玩自己玩具的小朋友说："这些玩具都是我的！你不能玩！"这样的孩子不会与他人分享，也自然体会不到分享的快乐。其实，造成这样的情况，大多数都是与家庭环境和家庭教育有着极密切的关系。

周末，妈妈带着潇潇去公园玩。孩子出门时就带了许多玩具，比如小汽车、奥特曼等，他到公园的空地上把自己的玩具铺开，马上吸引了小朋友的眼光。有的小朋友眨巴着眼睛盯着潇潇的玩具，看样子十分想玩，妈妈对孩子说："跟小朋友一起玩，好不好？"潇潇马上抱着自己玩具，说

道:"不可以,他们笨手笨脚的,万一给我把玩具弄坏了怎么办?"妈妈沉默了,这时潇潇看到了公园里的一个小朋友独自在玩遥控飞机,潇潇对那小朋友投去了羡慕的眼光。妈妈看见了,对潇潇说:"你也想玩吗?"孩子点点头,说:"想玩。""那你向那个小朋友借玩具玩一下吧。"妈妈对潇潇说,孩子用疑惑的眼神看了看妈妈,摇了摇头说:"他又不认识我,怎么会把玩具借给我玩呢?"

虽然,那些不喜欢分享的"小气"孩子并不少见,而且"小气"也不算是什么大的缺点,但如果一个孩子什么都不愿意与他人分享,独占意识很强,他是很难与别人形成良好的人际关系的,这对于孩子今后的发展也是有着极为不利的影响。

让孩子学会分享,首要任务就是要让孩子体会到分享的甜头,让他在与他人分享中获得快乐。久而久之,孩子就会主动与他人分享东西,也就养成了喜欢分享的良好的行为习惯。

小贴士

1.教给孩子与人交往的技巧

父母可以积极创造机会让孩子与其他小朋友一起玩,让孩子在与同龄孩子游戏中变得大方,教给孩子与人交往的技巧,帮助孩子养成关爱他人、谦让友好的行为习惯。另外,还要鼓励孩子与他人分享,当孩子表现出分享的行为时,父母应该给予及时的鼓励和赞赏,让孩子感受到分享的快乐,让孩子看到来自父母的肯定与认可。

2.让孩子知道分享是一种互利

许多孩子之所以不愿意与别人分享,是因为他觉得自己分享了就意味着失去,这时候,父母应该理解孩子这种不愿意失去的心情,慢慢引导,

让孩子明白分享并不是失去而是一种互利，分享体现了自己的大度与关怀，自己与别人分享了，别人也会回报自己的大度与关怀，这样在分享中获得一种快乐。一旦孩子在分享中获得了互利与快乐，他就会乐于与别人分享自己的东西。

3.让孩子不能只顾自己而不顾别人

在日常的家庭生活中，父母要形成一种"公平"的态度，这对防止孩子滋长"独享"意识有积极的意义。父母要教导孩子既要看到自己也要想到别人，要懂得人与人之间相处是建立在平等的基础之上的。让孩子明白好东西应该与大家一起分享，不能只顾自己而不顾别人。

4.让孩子体会到分享的甜头

父母不要溺爱孩子，让孩子吃独食，这样娇惯下的孩子是不愿意与他人分享的。有的父母出于对孩子的爱，就把那些好吃的好玩的全让给孩子，即使孩子会想着与父母分享，父母也会推辞，让孩子一个人独享。

时间长了，就强化了孩子的独享意识，孩子理所当然地把那些好吃的好玩的占为己有。所以，父母不要娇惯和溺爱孩子，也不要以孩子为中心，甚至无限制、无条件地满足孩子的任何需求，而是应让孩子们学会感恩，学会把自己喜欢的东西拿出来与家人共享，让孩子体会到分享的甜头。

孩子不善与同学相处，父母应教会他团结

无论是在家庭的小集体里，还是在学校、社会这样的大集体里，父母都应该教会孩子懂得团结，并学会从团结中获得力量。团结是一种巨大

的力量，它让孩子们学会处理与同学之间的关系，以友好的态度去拥抱队员，更让孩子懂得如何与人相处。

有的孩子习惯在家里以自我为中心，到了学校这样的大集体里，他就会处处不乐意，与同学相处不好，游戏、活动、竞赛，他也因为种种原因而不参加。实际上，孩子的交往能力已经得到了阻碍，这时候，父母要教会孩子学会团结，让孩子明白只有团结才能把事情做好，只有团结才能让集体充满温暖与快乐。

蚂蚁是自然界最为团结的动物之一，一只蚂蚁的力量确实是微不足道的，但100万只甚至更多只的蚂蚁组成的军团则可以横扫整片树林或一幢幢高楼，可以将一只狮子或老虎在短短的时间内啃成一堆骨头。"蚂蚁效应"对孩子的启示是：人心齐，泰山移。团结就是力量。

班里在组织篮球队，个子较矮的儿子成为了后卫，天天训练回来都是一脸神采，忍不住在爸爸妈妈面前夸耀班里的篮球队。可是，这两天儿子却愁眉苦脸的，一点精神也没有，"宝贝，你们班的篮球队解散了吗？爸爸还想去看看你们的第一次球赛呢。"爸爸好奇地问道，儿子摇摇头，不过，从表情上看有点伤心难过。

妈妈特意打电话问了老师，原来孩子在训练过程中与中锋队员发生了不快，这些天儿子正闹着要退出篮球队呢。哦，原来这孩子与同学闹矛盾了，小脾气又上来了。

教会孩子学会团结，就是帮助孩子在团队里立足，最关键的是让孩子除了表现自己，还需要有一颗成人之美的心，继而才能和谐处理队员之间的关系。这些都需要父母有意识地去培养，在平时的生活中，父母要给孩子多一些锻炼的空间，让孩子学会体贴别人，学会宽容待人。父母应该让孩子知道每个人都是有自己个性的，对事情也各有不同的想法，而不是一

味地要求别人与自己一样，让孩子学会欣赏别人、肯定别人。

小贴士

1.带孩子参加家庭活动

家庭也是一个小集体，若父母参加类似家庭的活动，不妨带着孩子也一起参加，不要因为孩子小而拒绝他参与大人的活动。比如，父母在外出游玩或拜访亲友时可以带上孩子，这会让孩子产生一种集体感，体会到与家人在一起的快乐。父母也可以邀请同龄的爸爸妈妈参加类似家庭聚会，通过参加家庭游戏，让孩子体会到团结的力量。

2.让孩子多与同龄人相处

在学校有许多课外活动，即使在假期也会有夏令营之类的活动，这时候父母都要积极地鼓励孩子多参加集体活动，让孩子在与同龄孩子的相处中，感受团结的幸福与快乐。如果孩子在相处过程中耍了小脾气，远离了集体，会尝到不团结相处的失落感。父母不要太过于担心孩子，也不要制止他与同龄伙伴的来往，如果你一味地要求孩子待在家里，这会让孩子失去了与他人相处的机会。

3.让孩子与同学和谐相处

在学校每个班级都是一个集体，有时候，孩子会抱怨"某某同学不好相处"，这时候，父母要正面引导孩子，让孩子明白他所学习的环境就是一个集体，让孩子学会与同学和睦相处，继而团结同学，增强班级荣誉感。

4.让孩子学会欣赏他人

在班级中，有着许多优秀的同学，孩子也会感到羡慕，甚至是嫉妒，因为感觉别人的优秀暴露出自己的缺点。因此，父母既要鼓励孩子勇敢地表现自己，同时，也要教孩子学会欣赏他人的长处，肯定他人的优点。

即便孩子与同学有了意见上的分歧，父母也要引导孩子认识到每个人的个性是不一样的，自然想法也就是不一样的，学会认可别人的意见与想法，宽容对待所在班级集体的同学。

孩子不懂拒绝，父母要锻炼他拍板的能力

父母告诉孩子要热情善良、大度礼让、乐于助人，这样的教育是正确的。但是，孩子的问题在于，父母只重视了道德教育，却忽略了孩子的社会化教育。

社会化教育的缺失让孩子在与人交往时显得心智不成熟。作为一个社会人，我们每一个人都不能脱离社会而独自生活。假如孩子不懂得果断做决定、不懂得巧妙拒绝别人的不合理的要求，如何暗地表达自己的不满情绪，那么，孩子在整个社交活动中只会感觉到疲惫。

美国幽默作家比林认为，一生中的麻烦有一半是由于太快说"是"，太慢说"不"造成的。即便连成年人也会抱怨说：平生最怕的事情就是拒绝别人。更何况是孩子呢？他们往往出于面子和怕得罪人的心理，在别人提出一些要求或者请求帮助的时候，即便自己很忙，也勉为其难，那个"不"字难以说出口。

爸爸最近一直很担心孩子的社交问题，他一向很听话，从来没让大人着急过，但是，最近爸爸发现他做事优柔寡断、不懂得拒绝别人，常常搞得他自己很苦恼。有一次，孩子放学很久了还没回家，父母都很担心。没想到天快黑了的时候，他回来了，爸爸问："你怎么这么晚才回来？"孩子回答说："我在等同学，他让我等他一起回家。"爸爸说："如果他有

事，你可以先走啊。"他却说："我不知道该怎么拒绝他，万一伤害了他怎么办？"爸爸觉得完全是因为他优柔寡断、不懂拒绝的个性，将本来很简单的事情复杂化了。

平日里，父母都教育他要热情善良、大度礼让、乐于助人。但是，没想到他这样的个性在学校过得并不舒坦，他上学一年多，由于同学的要求，他经常帮同学们借书、买饮料、跑腿、锁自行车、拿衣服……他自己舍不得花的零用花借给同学，同学没再提还的事情，儿子也不好意思要，只能在家生闷气。他每天回来我说："爸爸，我觉得好忙，好累。"

心理学家认为，一个人遇事反反复复、犹豫不决，总拿不定主意的现象是意志薄弱的表现，它直接影响着一个人选择能力的形成，而选择能力的强弱又对人的成功与否起着至关重要的作用。在人生中，有的选择会直接影响自己或他人的一生的命运，而优柔寡断、犹豫不决正是选择的大敌。

将来，孩子要独立面对纷繁复杂的社会局面，这时，身边没有父母的话可以听，而自己又拿不定主意，不懂得拒绝人，那可能是要误事吃亏的。因此，做父母的要尽量教会孩子有自己的主见，懂得巧妙拒绝他人，教会孩子学会对自己负责，锻炼他们"拍板"的能力。

小贴士

1.倾听孩子的意愿

一直以来，父母的教育方式就是让孩子听话，听话的孩子就是好孩子，无论大事小事，需要孩子服从。对此，心理专家说："胆小怯弱的孩子所接受的家庭教育，要么是父母管教比较严苛，要么是父母两人的教育态度不一致，一方太强，一方太弱。"

父母在设置了一些禁令之后，只会让孩子服从、听话，而不告诉孩子

为什么要这样去做，很少倾听孩子的意愿。在家里要求听话的孩子，难免将这种人际交往方式迁移到与他人的交往中，因此，他们总是处在一种人强我弱的位置，对于他人提出的不合理要求，他们也不懂得拒绝。因此，父母不能总是要求孩子做这做那，而是该倾听孩子的意愿："你打算做什么样的决定？"

2.锻炼孩子果断的性格

有的孩子遇事犹豫不决，一个重要的原因就是总怕自己考虑不周全。虽然，考虑周全是无可非议的，但追求万事完美，就会错失良机。父母应该让孩子懂得，凡事有七八分把握，就应该下决定了，这样可以锻炼孩子形成果断的性格。

3.教会孩子以商量的方式拒绝

拒绝别人，有时需要和对方磨嘴皮子，一直到对方认可自己。比如，碰到比自己小的孩子想要玩比较危险的游戏，你可以教会孩子这样拒绝："你太小了，还玩不了这么大的车，太危险了，碰着你会流血的，等你长大了，我再教你玩，好吗？"

4.引导孩子安全地表达自己不满情绪

在学校，许多同学在家里做惯了"小皇帝"，总是指使身边的同学做这做那，如果孩子不懂巧妙拒绝的话，那就可能要受欺负了。因此，对于那些不合理的要求，父母可以引导孩子安全地表达自己的不满情绪，比如"刚才做了那么多作业，我已经很累了，不好意思"。

孩子交友要自由，越干涉越叛逆

对于父母限制自己交朋友的权利，孩子们有话要说。一位男孩子说："我爸妈经常叫我跟学习好的同学玩，但跟我玩得好的成绩都很一般。我喜欢跟活泼开朗的同学交朋友，他们性格阳光，容易相处，也和我一样喜欢运动，我们相处很开心。"另一位孩子也说："我爸妈管我很严，每天放学回家都要向他们汇报在学校的一切情况，我很烦他们问这问那，更烦的是他每次都不忘教育我要跟成绩好、品德好的同学一起玩。我其实很叛逆，我反而跟那些成绩差的同学玩，我觉得他们很有趣，也够义气，所以，经常跟他们打成一片。我讨厌父母的干涉，越干涉我就越叛逆。"

孩子成长的每个阶段都需要朋友，古人云："近朱者赤，近墨者黑。"许多父母都明白这个道理，他们担心孩子结交了不好的朋友，或者陷入早恋，于是，在孩子的交友过程中，父母或多或少都会进行干预或指导。对于父母来说，你们都是世界观和价值观已经成熟的过来人，但是，在面对孩子交友方面，却一味摆出强硬的姿态，干涉孩子交朋友的权利，如此，产生的效果只会适得其反。

心理学研究表明，青少年时期的思维、行动受到过多的限制，活动范围狭小，接触的事物单纯，不与同龄人交往，很容易使心理发生变异、形成孤僻、难以与人沟通和相处的性格。在生活中，有的父母对孩子管得太严，限制干涉太多：参加活动要限制时间、交往要限制对象、外出限制地域、娱乐限制范围等，但他们根本忽视了正在走向独立的孩子有怎么样的心理需求。

> 小贴士

1.对孩子交友，应当劝阻，不应包办

父母替孩子把好"交友关"确实很重要，尤其是当孩子沉迷手机、网络聊天的时候，父母应适当劝阻。但是，父母不应该太自私和功利，仅仅凭着成绩的好坏来帮孩子挑选朋友。如果自己的孩子成绩好，更有责任去帮助那些成绩不好的孩子，这是培养孩子的社会责任感。一味地让孩子远离同学，很容易养成孩子自私的心理。

2.与孩子成为朋友

交友，首先，父母就应该做孩子的知心朋友，敞开心扉与孩子聊天。通过聊天，孩子才能把心里的疑惑和成长的烦恼告诉父母。而且，这样的聊天要平等，而不是居高临下的，你可以问孩子："你对朋友有什么要求啊，看我合不合格呢？"与孩子的关系融洽，自然会帮助孩子解决交友的问题。

3.尊重孩子的隐私

许多父母抱着："我生你养你，你是我的，我当然有权利知道你的一切，包括你所交的朋友。"的想法，实际上，这对孩子来说是一种伤害。父母应该尊重孩子的隐私，当然，这并不是放任，而是在接触孩子隐私时寻找出最佳的途径，比如，孩子打了电话后，你可以问："电话打那么久，是不是有人要你帮忙？"

孩子没人缘，父母要反省教育方法

现代社会，许多家庭都是独生子女，在这样的情况下，许多孩子养成

了"凡事以自我为中心"的个性。而这恰恰是严重影响孩子与他人人际交往的心理障碍。以自我为中心的孩子，他们总是强调自己的需要和兴趣，只关心自己的感觉，而不关心别人的利益得失。

这样的孩子大多有很强的自尊心，不愿意别人超过自己，对别人的成绩非常嫉妒，对别人的失败则幸灾乐祸。在与别人谈话的时候，总是谈着"自己""我"，不愿意听别人的情况。而这样的性格特点都是源于父母的宠溺造成的，许多父母认为，孩子只有一个，好的东西都给孩子，宁愿自己吃苦也不愿意孩子吃苦。

综上所述，这样一些个性的孩子在学校大多是没什么人缘的，对此，作为父母，应该反省自己的家庭教育方式，及时作出调整，才能帮助孩子冲破"社交障碍"。

张妈妈说："我们一直很疼爱小洁，经常买漂亮的衣服和最好的玩具给她。不过，因为工作忙碌，陪伴小洁的时间很少。她总是一个人在家看电视、玩玩具。上了中学后，她不太懂得如何跟同学说话相处，也不知道如何与人分享，同学们都看她漂亮，东西用得好，以为她很骄傲，不想和她来往，不愿意跟她做朋友。时间长了，小洁越来越内向，甚至讨厌上学。"

孩子为什么没人缘？妈妈的叙述中，我们不难发现，原来很大程度上，孩子交际能力差，大部分原因在于父母。小洁的父母工作忙，没有时间照顾她，虽然，父母认为自己比较疼爱孩子，但是，疼孩子并不是给他买东买西，而是关心孩子心里在想什么，在这样家庭环境下长大的孩子，交际能力肯定好不到哪里去。

父母要有意识地锻炼孩子与人交往的能力，让孩子与同学、朋友一起玩，逐渐学会谦让、忍耐、协作的能力。否则，孩子总是与父母在一起，备受宠爱，培养了霸道、以自我为中心的个性，以后进入社会就不能很好

地与人相处了。

小贴士

1.少批评，多赏识

许多孩子在学校没人缘，并不是他不被同学们所接纳，而是他自己不愿意与人交往，内心很自卑。而造成这样的原因是多方面的，可能他自身条件不怎样，可能他成绩不好。但面对孩子这样的情况，许多父母却只问成绩，若是考差了就批评、打骂教育。结果，孩子越来越自卑。对于孩子，父母要少批评，多赏识，关注孩子的优点，比如"我觉得你写的文章很优美"，增强孩子的自信心。当孩子对自己充满信心了之后，他自然会愿意与人交往。

2.让孩子走出家庭

在家庭里，父母与孩子的关系多少存在一定的"不对等性"，父母有什么好吃的都留给孩子，宁愿自己省一点，也不能亏了孩子。但是，走出家庭，孩子与同龄人相处，那是完全对等的关系。同龄的孩子在一起玩，机会是均等的，大家都遵守共同的游戏规则，这会让孩子学会平等对人，学会理解别人的困难和心情。

孩子爱打人，父母不该以暴制暴

孩子为什么喜欢打人？

一种模仿行为。孩子的一些行为来自于身边环境的模仿和学习，比如父母经常打孩子，电视里的各种打斗暴力行为，这些都会成为孩子学习或

模仿的行为。

达到某个目的。孩子可能会通过攻击行为达到某个目的，比如抢到玩具，发泄情绪。孩子知道通过攻击会达到自己的目的，所以通过打人让其他孩子听从自己；通过打人可以赢得更多小朋友的跟从。如果孩子常常使用攻击行为，时间长了就会形成一个坏习惯。

情绪发泄。孩子喜欢打人有可能是挫折的发泄，当孩子做某件事情遭遇失败的时候，他很生气但无处发泄，便会通过打人、抢东西来平衡自己的心情。

为了吸引注意力。孩子的攻击行为也是吸引他人注意力的一种方式，有的孩子之所以喜欢打人，那是因为他在平时生活中不会得到老师、同学，甚至父母的关心和注意。但是他需要这种受关注的感觉，所以通过打人来吸引人的注意力。

争强好斗的性格。有的孩子喜欢打人，可能性格中有争强好斗的一面，当然这是比较少见的情况。大部分孩子喜欢打人其实跟其年龄以及认知水平有很大的关系。对攻击性强的孩子，父母需要特别注意，因为这种性格需要正确引导，才能让孩子逐渐改掉喜欢打人的坏习惯。

瑞瑞6岁了，上幼儿园大班，妈妈发现她最近脾气很大，只要不高兴或者自己的要求没有被满足，就动手打人。老师常常跟妈妈反映，瑞瑞在幼儿园，行为比较随意，大家一起正上着活动课，结果她就任性地去推一下前面的小朋友。下课后，便会跟小朋友抢玩具，只要是她喜欢的玩具，就一定要抢过来。如果对方力气比较大，她趁对方不注意就打人或咬人。放学回家后，妈妈若问起来："你为什么要打别的小朋友呢？"她总会满脸不在乎地回答说："我就是要打他。"妈妈听了哭笑不得。平时孩子跟大人一起时也喜欢动手打人，妈妈当场批评了她，她也听得懂，也承认错

误。不过，过不了多久就会忘记了。

看见孩子喜欢打人，妈妈感到十分苦恼。

孩子喜欢打人，实际上是用这种攻击性行为来表达自己的愿望或感情，有些父母认为孩子小不懂事，长大了自然会改正。其实这样的看法是有偏差的，需要正确对待孩子的攻击性行为，正确引导，才能让孩子自然改掉这个坏习惯。

当孩子开始有了自我意识，知道了自己小拳头的厉害，于是就开始了打人这种攻击性行为。其实，人生来就具有一种内在的攻击倾向，比如孩子生气、情绪发作时会扔玩具；想吃东西了，妈妈要是动作稍慢了，孩子就会一把推开妈妈的手。

孩子的攻击性是常见现象，在成长的特定发展阶段，有打人行为是可以理解的，只要父母恰当应对，打人行为就会消失。而且随着生理、心理的发展，如果父母正确引导，孩子的攻击倾向是能够转化为忍耐、坚毅等积极的品质的。不过，有些孩子的打人行为，会影响他们的正常社交，甚至无法继续上学，这就是问题了。

小贴士

1.了解孩子打人的原因

父母应该了解孩子在什么样的情况下、为什么会产生攻击行为，然后否定其攻击性。比如孩子喜欢抢其他小朋友的玩具，那父母就应该要求孩子把玩具归还给小朋友，并告诉孩子打人是错误的，以此减低孩子攻击行为的内心动机。

2.冷静对待孩子的打人行为

当孩子出现打人行为时，父母需要冷静。假如孩子一打人，父母就表

现得太紧张，对孩子的什么要求都答应，那孩子就会认为打人是有用的，这样只会助长孩子的打人行为。而有的父母表现太过激动，这样也会给孩子留下深刻的印记。

3.温和而坚定地引导孩子

当孩子打人的时候，父母应该有正确的态度，温和而坚定地引导孩子：打人是不对的，是不允许的。温和地告诉孩子这些道理，反复具体地讲，孩子就会知道打人是不对的，就会慢慢控制想要打人的心理。

4.引导孩子养成良好的行为方式

父母可以以身作则，与长辈、邻居、朋友保持友好的关系，告诉孩子人生来应该属于群体，而群体需要协作而不是敌意。比如，要想让其他小朋友喜欢自己，应该友好、团结，这样才能赢得小朋友的青睐。

5.别让孩子从攻击行为中获得好处

其实，孩子并不是故意通过打人来抢东西，而只是一种本能的自卫或是生理特征。一旦孩子从攻击行为中获得利益，比如得到了自己想要的玩具，那他就可能把打人和获得玩具联系起来，也就越来越喜欢用攻击行为来与其他小朋友交流。

6.提高孩子的自信

父母应该让孩子知道一件事：除了打人，还有其他的表达方式，或者好好说话，或者用良好的行为，问题就可以解决了。一旦孩子懂得这些道理，自然就不会再选择攻击行为去交流。在这个过程中，让孩子慢慢成长，一旦发现孩子细微的进步，应及时表扬，让孩子感受到爱，从而强大内心。

第08章
孩子不亲近父母，父母应学会做他的朋友

孩子处于逆反期，他们在心理上渴求独立，所以显得不那么亲近父母。在他们看来，父母无法读懂自己的内心，所以他们在言行上非常逆反，希望寻求父母的关注。在这一阶段，父母要学会做孩子的朋友。

孩子不听话，只需要你多夸他

关于怎样教育好孩子，对每一位父母来说都是很棘手的问题，尤其是面对逐渐变得叛逆的孩子，许多父母真是没辙了。打也打了，骂也骂了，可就是不见效果，孩子总是不听话。其实，随着年龄的增长，孩子愈来愈叛逆，凡事都喜欢和父母唱反调，而且你越是打骂他就越嚣张。有父母抱怨"我已经管不了他了"，难道问题真的那么严重吗？

小雯8岁了，妈妈逢人就说："这孩子，一点儿也不懂事，不听话，一天不好好学习，每天就跟她那些所谓的好朋友混在一起，都不晓得她一天天在干什么……"这时，小雯总是阴着脸，不说一句话。不过，她依然是我行我素，从来不听妈妈的话。

遇到亲戚给小雯买衣服之类的，妈妈也会说一句："别给她买这些，她又不听话，没资格享受这些。"小雯很委屈地说："那我有资格享受什么呢？享受你一天说我的不好吗？既然我这么不好，你为什么还要养我呢？"几句话问得妈妈哑口无言，妈妈也不知道，这孩子究竟是怎么了？

父母要想教育好孩子，就要在孩子面前多夸夸他的优点。俗话说："好孩子是夸出来的。"这也是无数父母从亲身实践中总结出来的经验。"叛逆"是作为一个青春期孩子的特征，父母需要循循善诱，切不可正面冲突。如果你还是沿用"棍棒"教育，让孩子屈服于你的威严之下，那么，这样只会让孩子更加反感，不仅会影响亲子关系，对孩子的一生也会

产生不良的影响。

父母应该以另外一个角度来看待自己的孩子，多看到孩子的闪光点，进行正面引导，这样孩子就会在夸奖赞扬中逐渐改变那些不良的习惯，而且还能够树立起自信心、上进心，形成良好的行为习惯。

小贴士

1.对孩子应以赏识教育为主

在当今时代，随着社会的进步，人们观念的改变，许多父母都认识到了"棍棒"教育带来的弊端，并逐渐转成以赏识教育为主。的确，赏识教育作为新兴的一种教育方式，它主要是赏识孩子的行为结果，以强化孩子的行为；也是赏识孩子的行为过程，以激发孩子的兴趣和动机。

赏识教育是一种尊重生命规律的教育，它逐渐调整了无数父母在家庭教育中的"功利心态"，使家庭教育趋向于人性化、人文化的素质教育。所以，父母在家庭教育中，应该摒弃落后的"棍棒"教育，主要以赏识教育为主，这样才有利于培养孩子良好的行为习惯。

2.对孩子的夸赞也需要适度

当然，"好孩子是夸出来的"并不是完全绝对的正确，教育孩子一味地靠夸奖也是远远不够的。而且，有的父母更是坚持"孩子都是自家乖"的观点而一味娇宠，这样对孩子的成长也是极为不利的。无论是夸奖还是批评都应该是适当的，父母不能把孩子捧得老高老高，这样一不小心摔下来了，孩子和父母都是承受不起的。虽然好孩子是夸出来的，父母更要拿捏好"夸"的度，这样才能培养孩子良好的行为习惯。

3.对孩子说话要注意语气

随着年龄的增长，孩子的自我意识越来越强，他也有自己的自尊心，

也有自己的面子。但许多父母还是认为孩子什么都不懂,想对孩子说什么从来不考虑自己的语气。这时候,孩子是比较敏感的,父母稍微有点不耐烦的口气,孩子也能感觉到,他会觉得自尊心受伤;如果父母当着许多人的面数落孩子的缺点,这更会让孩子觉得无地自容。所以,在任何时候父母都要注意自己对孩子说话的语气,以夸奖激励为主,切忌语气太重了,另外,在外人面前也千万不要数落孩子的缺点,这会让他们感到自卑。

4.多发现孩子身上的闪光点

一个孩子可能会很叛逆,也可能学习成绩很差,但这时候,父母不要只看到孩子的缺点,忽视了他的闪光点。每个孩子身上都有闪光点,只要父母做个有心人,一定能在生活的点点滴滴中发现的。可能他比较叛逆,但乐于助人;他语言能力也可以,还可以自己编故事;他的绘画也很不错,所画的作品还在班上展出过呢。这样一想,你就发现夸奖孩子其实并不难。

只要孩子有一点点进步,作父母的都不要忽视,要给予真诚的表扬。"你今天一回家就开始写作业了,这个习惯真好,我相信你会天天这样做,是吗""今天你跟爷爷说话时用了'您',语气也比以前更有礼貌了,很不错",长久以往,你会发现孩子在一次次的夸奖中变得越来越有自信了,学习的兴趣也一天比一天浓厚,行为习惯也一天比一天好。

5.对孩子的成绩予以大方的夸奖

有时候,孩子取得了不错的成绩,父母心里虽然也很高兴,但总是给孩子浇一盆冷水"这次成绩还行,可你同桌还比你考得好哩",这样一个转折一下子就把孩子的自信心毁灭了。对于孩子来说,他的心理还很简单,他只希望得到父母的夸奖,如果父母有一点点微词,他就觉得没有了自信心,进而产生自卑的心理。所以,当孩子取得了成绩,父母千万不要

浇冷水，要给予大方的夸奖，增强孩子的上进心。

孩子不愿沟通，父母不妨主动走进他的内心

常常听到孩子这样抱怨："父母根本不理解我们的需要，他们想说的就说个没完，而我想说的他们却心不在焉。"孩子有着这样的烦恼是普遍存在的，其实，孩子内心有着许多想法，他们也有欢乐、有苦恼、有意见，如果父母没能主动走进孩子的内心世界，孩子有了意见没有得到及时的交流，那么父母与孩子之间的鸿沟就会越来越大。

父母埋怨"孩子不理解自己的一片苦心"，孩子也抱怨"父母根本不了解自己"。孩子在这一阶段已经逐渐有了自己的内心小世界，由于惧怕、害羞等多种原因，他们会封闭自己的内心世界，不会轻易向父母吐露自己的内心想法。这时候，就需要父母主动走进孩子的内心世界，倾听孩子所思所想，读懂孩子的烦恼与快乐，真正成为孩子的知心朋友。

一天，孩子放学回家后若无其事地告诉妈妈："今天上午上数学课的时候，我居然睡着了。"上课的时候居然睡觉？妈妈听到这话就生气了，责备："上课时睡觉，你说我辛辛苦苦挣钱供你读书，你却要这样做？"孩子有些委屈："我觉得困了就小眯了一会，醒来看见老师正在讲课，我都不知道自己睡了多久，也没人叫我。""睡觉，睡觉，我让你睡觉！"妈妈开始拿着鸡毛掸子打孩子，只听见孩子的哭声。

过了一周学校开家长会，老师向妈妈反映："孩子很喜欢上课时睡觉，当着全班同学的面都批评了好几次了，她还是这样，一点也不改进，希望你们可以敦促一下。"妈妈回到家，对孩子又是一顿打骂。

心理学家认为，父母与孩子之间的沟通，孩子是掌握着主动权的，因而有的父母就会说："他心里有什么想法，那也得开口对我说，否则我怎么能走进他的内心世界呢？"其实，孩子心中都有一定的惧怕心理和羞涩心理，自己即便是有一些想法，他也不会主动告诉父母，而是需要父母诱导孩子说出来，或者父母通过自己的方式来了解孩子，走进孩子的心灵世界。教育专家认为，要想走进孩子的心灵世界，就要和孩子交朋友。

小贴士

1.孩子的很多情绪需要父母理解

有的时候，孩子并不愿意向父母坦白自己的想法和意见，甚至也不愿意与自己的好朋友交流，他们喜欢写成作文和日记。这时候，父母可以从孩子的作文和日记中了解他们的内心世界，当然，看孩子的作文和日记，一定要征求他的同意，毕竟日记是孩子的隐私，暴露出来是需要勇气的，这需要父母理解。

2.从老师那里了解孩子的情况

有的父母没有主动与孩子老师沟通的习惯，他们认为孩子在学校就应该是学校的责任，如果孩子有了什么事情，老师会主动联系自己的。其实，每个班级都有那么多学生，老师根本不会顾及到每一个学生，这就需要父母主动与老师交流。

这样，父母就能及时地了解孩子的学习表现和思想素质，还能够积极主动配合老师对孩子存在问题的及时改正，便于父母与孩子进行顺畅沟通，了解孩子最近的表现，有助于走进孩子的心灵世界。

3.与孩子进行亲密接触

父母要想主动走进孩子的内心世界，就要与孩子进行密切接触，消除

距离感，成为"零距离"的知心朋友，这样孩子才会把自己的一些想法做法告诉父母。这时候，孩子把父母不当作高高在上的父母，而是当一个可以交心换心的好朋友，孩子对父母就不会保留自己的秘密。

4.冷静处理孩子的犯错行为

明明知道孩子做错了，父母也应该保持冷静的心态，冷静地处理孩子的犯错行为。这时候，如果父母的情绪失控就意味着中断了自己与孩子的谈话，在孩子内心里他不希望看到父母失望，一旦父母表现出过分的失望和担忧，就会造成孩子隐瞒真实想法的严重后果。所以，当孩子犯了错误，父母要为孩子设身处地着想，不要对孩子的所作所为大肆发表自己的意见或者大声指责，这样孩子就会对父母说出自己内心的想法和秘密。

5.重视孩子的内心需要与感受

父母需要重视孩子的内心需要与感受，体会孩子的心声、苦恼，鼓励孩子表明自己的想法和感受。有时候，父母可能会不赞同孩子的一些行为，但是孩子内心的感受也是可以理解的。父母要明确，孩子对事物的感受或心理活动往往比他的思想更能引发他的行为。所以，父母应该重视孩子的感受，并对他的感受认真加以理解和评价，这样会促使孩子在你面前展露一个真实的内心世界。

6.别轻易否定孩子

孩子往往希望可以从大人那里得到认可，但我们似乎总是让他们失望。告诉孩子："你的看法有道理。""你一定有好主意！""你的想法呢？"而不要轻易否定他们的看法和想法，不要驳斥他们的意见，学着鼓励孩子说出意见，表达出自己的心声让他们按照自己的想法去做做看，去试探一番，宁愿他们从中得到教训，也不要轻易否定他们。没有试过，你怎么知道自己一定就比孩子们高明呢？

7.鼓励孩子勇敢面对

当孩子面对没有做过的事情，或没有把握的事情，或者面对困境和挑战的时候，最希望得到父母真心的鼓励。告诉孩子"你能行""不要怕""再加把油""你是个勇敢的孩子""要有点冒险精神呀，宝贝"，可以鼓励孩子勇敢面对，大胆进取，不断努力和尝试。

8.及时称赞孩子的一点进步

随时都要看到孩子的进步，并及时给予赏识，会让孩子重新建立做好事情的勇气和信心，否则会让孩子失去前进的动力。对于孩子任何的一点进步，都应该及时给予鼓励和称赞，欣慰地对孩子说"你长大了"或者"不要急，慢慢来，你已经有了进步""你一点也不比别人笨，妈妈每次都能看到你的努力和进步"。这些足以让孩子看到你对他的重视，产生"一定会做得更好"的勇气和信心。

孩子不服气，父母要理解他的意愿

在网络上流行一组数据，孩子们最讨厌的一句话是"我都是为了你好"，而这句话恰恰出自父母之口。当父母总是对孩子说"我是为了你好"，其实这样给孩子的是沉重的压力，带给孩子的更多的是一种负担。这句话把父母自己处于高高在上的姿态，不容易孩子有一点儿的辩驳，不允许孩子有一点儿的反抗，如果你不听话，那就是对不起父母的付出，这样孩子只能因内疚感去顺从父母的意愿。很多时候，父母对孩子一顿批评之后往往会加上一句"我是为你好"，似乎父母对孩子作出的命令变得理所当然。在这样强压的话语之下，孩子们的天性因此被扼杀，最终按照父

母认为的路线去规划、去发展，做他们认为对的事情。

当孩子不认真读书，妈妈会说："你怎么不努力呢，你知道吗，妈妈这么辛苦地工作，白天黑夜地忙，全部都是为了你，我现在批评你，让你好好读书，完全是为了以后你能好好的。"

似乎挂在妈妈嘴里的一句话，永远是"我是为了你好"，就连出门少穿一件衣服，妈妈也会说："赶紧穿上，别嫌我啰唆，我都是为了你好。""不要吃冰淇淋，我都是为了你好，免得胃不好。""你别总是一天天到外面玩，不能安安静静地在屋里待着吗，你不知道外面坏人那么多，我这可都是为你好。"

实际上，孩子最讨厌的就是这句话。

在对孩子的教育过程中，父母很容易试错方法，不论孩子在想什么，不论孩子有什么样的意愿，总一味地对孩子进行批评式或灌输式教育。大部分父母自以为站在权威、强势的位置上，无法真正理解孩子内心的想法和意愿，总一厢情愿地认为这就是为了孩子好，所以总是对孩子以命令、强压、威胁，最后成功激起了孩子的逆反心理，导致其产生激烈的反抗行为。

事实上，要想改变这种现状，就要给孩子和父母平等对话的语境，做孩子的好朋友、好伙伴，才能使家中的沟通氛围更和谐温馨。

小贴士

1. 你想的不一定是孩子需要的

父母与孩子所处的地位不同，与孩子所关心的内容不同，想法往往也不一样，父母认为好的，不一定是孩子想要的；父母认为正确的，不一定是孩子认可的，听听孩子的想法与观点，对于孩子合理的想法和意愿，应放手让孩子去独立完成，或者设法满足孩子的合理要求。对于孩子不合

理的想法，要先用心聆听，然后给出合理的建议，再让孩子自己去选择，哪怕让他在尝试中会摔跤。多问问孩子"你是怎样想的？""说说你的主意？""你觉得这样解决怎么样？"这样才能培养孩子的开放性思维，提高和培养孩子分析问题、开创性想法的能力。

2.一些事情不妨听听孩子的意见

当父母制定关于孩子的某项计划或规则的时候，最好听听他的意见。无论是"每天晚上只许玩半个小时的游戏，九点以前睡觉"还是"暑假去参加某某兴趣班或夏令营"，事先最好都征求孩子的意见，对于他们自己参与制定的计划，孩子更有执行的兴趣和信心、耐心。不要安排孩子的一切，问他"这周末想要怎样安排？"如果孩子太小，不妨给出选择"是去游乐园还是去爷爷奶奶家？"

3.听听孩子的理由

无论孩子做错了什么，请允许他进行申辩，并不要把这些申辩看成是狡辩，强词夺理，当然如果孩子任性，不讲道理，应必须坚持孩子道歉。申辩也是一种权利，不能要求孩子俯首帖耳，这样的孩子没有前途。发现孩子不合你意，或者做错了事，应该首先思考到底谁出了问题，听听孩子的理由，而不能简单的训斥和责骂。

不允许孩子申辩，不但不能使孩子心服口服，还会使他滋长一种抵触情绪，为说谎、推脱责任埋下恶根。孩子申辩本身是一次有条理地使用语言的过程，也是交流的过程，听听他的理由，也许你会觉得孩子这样做并没有什么错。当然申辩不等于强辩，如果发现孩子有推脱责任，强辩的倾向，应该坚持让他认识到自己的错误。

4.与孩子距离亲近些

在大多数的家庭教育中，父母永远处于主导地位，孩子永远处于被动

地位，被迫接受父母的命令和斥责，不管这些多么没有道理。事实上，父母不一定都是正确的，应该尊重孩子作为一个独立个人的思想和意志，让家庭沟通变成一个双向的、互动的过程，父母可以影响孩子，孩子也可以影响父母。

5.父母多做自我批评和自省

父母应多做出自我批评和自省，用语言和行为给孩子树立榜样。少说些"大人说话，小孩别插嘴""按照我说的去做"，多告诉孩子"妈妈也有错""我们也有责任，忽视了你的感受""你有什么想法，说出来看看。"这会让孩子更重视、更尊重你。

总之，父母学会平等地和孩子交流，不权威俯视，也不强势压迫和命令，倾听，然后尊重，实现平等，才能让孩子更服气，家庭氛围也能更融洽。

孩子变了，那是因为你没真正了解过他

英国教育家、思想家洛克指出："教育上的错误比别的错误更不可轻视，教育上的错误正如配错了药一样，第一次弄错了，决不能弄错第二次，第三次去补救，他们的影响是终身洗刷不掉的。"家庭教育也是一样的道理，父母是孩子的第一位老师，担负着教育孩子的责任，这时候，父母首要的任务就是观察并了解自己的孩子。

放学路上，孩子苦着一张脸，无论妈妈怎么说，她就是不说话。妈妈憋不住了，因为刚才老师向自己反映说孩子上课总是和同桌聊天。妈妈情绪上来了，对孩子不分青红皂白就责备："听说你上课总是跟同桌聊天？

你怎么回事呢？妈妈这么辛苦到底是为什么呢？你为什么总是做一些令妈妈伤心的事情呢？"孩子一脸委屈："我没有，我只是……"孩子还没来得及说完，妈妈就叫道："你只是什么？只是上课说话吗？你为什么总是喜欢为自己找借口呢？难道做了错事，还理直气壮地为自己找借口……"

回到家，孩子在日记本上写着："今天我感到很难过，因为妈妈在不了解真相的情况下批评我。也不问我为什么要这样做，就直接说我不对。其实当时是老师讲到了一个难题，同桌觉得没理解，就小声询问我，我当时就跟她讲解清楚了。没想到就这样一件小事，老师冤枉了我，妈妈也冤枉我，难道我真的做错了吗？"

在现实生活中，许多父母经常与孩子在一起，却对孩子的一些行为表现熟视无睹或者视而不见，大多数父母忙于自己的事业发展，为生活琐事所累，他们很少有时间来观察孩子、了解自己的孩子，所以，在父母心中并没有形成对孩子正确、全面的认识。其实，了解孩子才是教育孩子的前提。如果父母对自己的孩子都缺乏一定的认识，那又何谈教育呢？

"你了解自己的孩子吗？"许多父母在被问到这个问题时，几乎所有的父母都会给予肯定的回答："当然了解！"俗话说："知子莫若父。"每一位父母在一定程度上都是了解自己的孩子的，并且他们能够说出一些孩子的特点。

因为从孩子出生起，父母就是孩子最亲密、最值得信赖的人，所以，父母可以肯定地说"我很了解自己的孩子"。但是，父母自己的看法却是不够全面的，有着很多偏差，以至于出现"察子失真"的现象，这究竟是什么原因呢？

小贴士

1.经常与孩子聊天

在现实生活中,不少家庭普遍存在着与孩子的谈话不足。许多妈妈与孩子每天的谈话都少于30分钟,爸爸则更少。但是,父母却花了更多的时间购物或者看电视,其实,作为父母,养成与孩子谈话的习惯非常重要。父母经常与孩子沟通,有利于培养孩子乐观开朗的心理素质,减少和预防心理障碍的发生。而且,父母在与孩子的谈话过程中,还可以通过对孩子语言举止的观察,了解到孩子在这一成长阶段表现出来的特点。

2.判断孩子切忌片面性

有的父母观察了孩子的行为,但他们总是带着片面的心理来判断孩子,对孩子的想法、行为以及做事判断得都不够准确。有的父母看到孩子某些方面很迟钝,就认为孩子很"笨";有的父母觉得孩子唱歌不错,就觉得应该让他学习唱歌,父母这样片面性地判断,对孩子的成长极为不利。

3.观察孩子与同龄孩子的异同

除了观察自己的孩子以外,父母还要善于观察与自己孩子同龄的孩子。同龄孩子的身体、智力、心理发展特点都是类似的,如果自己的孩子最近比较沉默寡言,这说明他有心事了,或者显得比较早熟。而且,父母还可以制造一些情景,比如带着孩子参加活动,带着孩子造访亲友,这样都可以观察孩子与平时不同的表现,了解孩子的行为特点。

其实,孩子就在身边,关键是父母要做一个有心人,要通过孩子的一举一动、一个表情,或者是一句语言,了解他的心理、情绪,全面了解孩子,把握孩子内心深处的东西,从而对孩子进行有针对性的教育,促进他个性的发展。

4.充分了解自己的孩子

有的父母觉得自己天天与孩子在一起，对他难道还不够了解吗？其实，许多父母对孩子的了解还停留在表面上，并没有通过细心地观察，他们的了解并不细致，也不够深入，没有从整体上把握孩子。父母可以在下班后，与孩子进行交谈，建立信任关系，观察孩子的情绪、性格特点、兴趣爱好，充分全面地了解孩子。

孩子疏远了，源于父母的态度

许多父母都很关心孩子的学习，眼睛总是死死地盯住孩子的学习成绩，每天就像例行公事一样冷冰冰地问孩子"今天学习怎么样""考试了吗，考得怎么样"，望子成龙望女成凤的心情让他们忽视了对孩子健康的重视，尤其是孩子的心理健康。

父母都在问候孩子学习情况，但是否有问"你今天过得快乐吗"，即使孩子有愉快的心情，在父母冷冰冰的语调下，以及板着脸的注视下也会消失得无影无踪。于是，父母抱怨"孩子越大越不听话，连父母的话都不听了""感觉到孩子与我有了很深的隔膜，也不像以前那样跟我亲近了"，问题的根源就是父母的微笑太少了，责备太多了；鼓励太少了，批评太多了。当孩子想与父母进行有效的沟通时，父母却关紧了自己那扇心灵之门，只留给孩子了一张面无表情的面孔，试问，孩子还会与你亲近吗？

妈妈有些望女成凤的迫切心情，平时最关心的就是孩子的学习。每天孩子高高兴兴、蹦蹦跳跳地背着书包放学回来时，总是兴高采烈地喊上一句："爸爸妈妈，我回来了。"在书房里忙活的爸爸应了一声，妈妈则

板着脸问："今天学习怎么样？布置了哪些作业？最近又考试没有？考得怎么样？"在妈妈的连珠炮般的追问下，孩子一张笑脸变成了苦瓜脸，悻悻地提着书包进屋学习去了。时间长了，孩子就有意地避开妈妈，放学回来也不像以前那样兴高采烈地高声呼喊他们了，而是偷偷地溜进自己的房间，有时候甚至把门也锁上。隔着房门，妈妈也是语气冷冽地问："这次考试怎么样？"只是传来孩子闷闷地一声"嗯"。

离期末考试越来越近，妈妈感觉到了孩子与自己的距离越来越远了，孩子话更少了，总是一种郁郁寡欢的样子，有时候还发现早上她偷偷地抹眼泪。妈妈问她，她也不吭声，妈妈慌了，这孩子是怎么了。

心理学家研究发现，健康性格是感受和创造快乐的很重要方面，注重培养孩子快乐的性格，有利于孩子健康成长。孩子需要父母的微笑、需要父母友好的态度，而不是公事化的语调或者面无表情的一张脸。

有时候，当父母在抱怨"孩子开始疏远自己时"，这时候很大程度上都是源于父母对待孩子的态度。虽然父母是成年人，可能会有许多生活和工作的烦恼，但是在面对孩子的时候，请对孩子多一些微笑，走进孩子的心灵深处，了解他的思想，把你的快乐传递给孩子，缩短与孩子之间的心理距离。

小贴士

1.在孩子面前控制自己的情绪

有时候，父母也会因为工作和生活上的一些烦恼而愁眉苦脸，这时候，为了孩子健康成长，需要努力控制自己的情绪，面对孩子露出笑脸，让他感染快乐的情绪，与自己亲近起来。

许多父母自己有了烦恼，就会对孩子大吼大叫，冷着一张脸，说话

也是冷淡的语调；有的父母在孩子犯了错时，控制不住自己的情绪，对孩子施行打骂教育。这样时间长了，孩子就会逐渐远离父母，与父母之间的隔阂越来越深，根本不利于父母与孩子之间的顺利交流。所以，在孩子面前，父母需要努力控制自己的情绪，多给孩子一点微笑，多一些鼓励，这样孩子与你的距离就会越来越近。

2.营造和谐愉快的家庭氛围

有的家庭，气氛比较容易紧张，父母总是板着一张脸，为了点小事就吵架。心理学家认为，在这样的家庭环境中长大的孩子，容易疏远父母，甚至容易出现不良的行为。

家庭对于孩子来说是一个温馨的港湾，一个可以嬉笑快乐的地方，愉快的家庭气氛可以使孩子养成乐观积极向上的性格。同时，增加父母与孩子之间的亲密度，因为父母那友好的笑脸给予孩子信任与温暖。所以，父母之间互敬互爱，多对孩子笑笑，家庭气氛充满了欢声笑语，对孩子来说这是非常有必要的。

3.多一些微笑与鼓励，少一些责备与批评

家庭教育是教育的重要部分，家庭教育的方式也成为了重中之重。父母对孩子要多一些微笑与鼓励，少一些责备与批评。责备越多，孩子所受到的心灵伤害就越多，他的心对你就增加了防御与反抗，父母与孩子之间的距离就会越来越远。所以，父母要改变自己家庭教育的方式，给孩子多一些微笑与鼓励，少一些责备与批评，做孩子最亲近的知心朋友。这样，在孩子的成长路上，你才能走进孩子的心灵世界，读懂孩子的真实内心。

孩子不耐烦，不妨与他平等对话

许多父母在孩子面前都是高高在上的姿态，言行举止中透露出作为父母的威严与不容侵犯的权威。于是，对面的孩子显得战战兢兢，在与父母的相处中，他学会了不讲道理，学会了"镇压"的方式，他甚至学会了父母的沟通方式。在孩子嘴里，也经常蹦出"闭嘴，我不想再听了""你跟我说再多还是没有用，我已经决定了"等等这样一些字眼。父母感到诧异，孩子怎么会用这样一种语气与自己谈话呢？要么，有的孩子对父母完全关闭了自己的心灵之门，无论父母怎么劝说，孩子就是不肯说出自己内心的想法。出现这样一些现象，都是因为我们的父母在很多时候，都习惯以高姿态来教育孩子。他们认为孩子什么都不懂，在很多事情上，父母擅自作主，不允许孩子有一点点逆反的意思，如果孩子提出了异议，父母就会大手一挥："你懂什么，该干什么就干什么去。"这样一种高姿态扼杀了孩子想表达的欲望，也断裂了父母与孩子之间亲密的关系，继而给双方的沟通带来了一些阻碍。

放学回来，爸爸让孩子文文赶快去写作业，文文磨蹭着脚步，嘀咕着说："爸爸，我先把这本课外书看完，行不行？"正在为工作而闹心的爸爸有点不耐烦地说："爸爸叫你去写作业，你就去写，不要在那里啰哩啰唆，也不要在那里讨价还价，明白吗？没有看到爸爸正忙着呢。""我也有说话的权利。"文文小声地说道，就赶紧溜回了自己的房间。

正准备发火的爸爸听到了孩子的那句话，有些不可理解："你一个孩子，什么说话的权利？爸爸说这些话都是为了你好，你年纪还小，又没判断力，得听爸爸妈妈的。"

把孩子放在平等的位置，与孩子成为朋友，这些道理父母都懂，但

是，在与孩子沟通的时候，父母还是会犯一个严重的错误。父母始终把孩子摆在了自己对立面的位置，他们认为自己说什么，孩子就得听什么，凡事以自己为标准，有的父母甚至不知道怎样去放下自己的身段和孩子在平等的高度上自由地交流。

其实，孩子的心灵世界，远比父母想象的还要丰富，也比想象中更敏感，孩子会用自己的标准去判断事物的好与坏，去衡量父母在自己心中的位置。所以，要想了解孩子，与孩子进行顺利的沟通，并不是说几句简单的话就有效果的，而是需要父母放下自己的高姿态，把孩子摆在与自己同等的位置上，这样才能进行有效而顺畅的沟通。

小贴士

1.蹲下来，做孩子的朋友

父母感觉孩子会处处与自己作对，孩子感觉父母处处限制自己的自由，追根究底，就是父母没有能成为孩子的朋友。要想了解孩子更多，与孩子进行更加有效的沟通，就要放下自己的高姿态，做孩子的朋友。当你把孩子当成了朋友，平等地相处，他也就用心学习了，这样就调动了孩子的积极性，让他主动意识到学习的乐趣，这比打骂教育更有效。在你与孩子成为朋友的过程中，他体会到了尊重，体会到了与你相处的快乐，作为父母，你收获得是否会更多呢？

2.父母应反思自己的教育方式

有的父母说自己的孩子越来越不听话，这时候，父母应该反思自己的教育方式，自己对孩子了解多少呢，是否与孩子是进行平等的沟通呢？孩子有自己的想法和意见，若父母发现了孩子想表达的欲望，就要循循善诱，让孩子大胆地表露出自己的想法。对于孩子的想法，父母如果

觉得合理，可以给予支持。当父母实现了与孩子的平等沟通，父母才会更受尊重。

3.与孩子平等沟通

父母要想自己的想法被孩子所接受，就要找准自己的位置，放下自己的高姿态，与孩子进行平等沟通。父母与孩子的平等沟通，不仅仅是位置与角度都与孩子们一致，而且还是思想观念上的一致，尽可能地与孩子站在平等的位置上交流，了解孩子的思想，这样才能真正地了解孩子的所思所想，与孩子实现更有效的沟通。

第 09 章
孩子性格有缺陷，父母要进行对照自我反省

孩子长大后，他的性格缺陷和原生家庭、童年生活环境息息相关。有的孩子性格自卑、偏激、缺乏安全感，这在成长过程中是一件重要的事情。作为父母，有责任为孩子创造一个良好的生活环境，让孩子健康成长。

孩子胆怯，父母要鼓励孩子走出去

实际上，孩子的胆怯是家庭教育的"副产品"，很多父母总是担心孩子吃苦怕累，不让干这也不让做那，这就是孩子形成胆怯心理的主要原因。生活中，我们经常会看到一些孩子，见生人就哭，不敢自己去做事，处处需要大人陪着，我们称这样的孩子胆小怯懦，那这是什么原因呢？

心理学家认为，孩子形成胆怯心理是多方面造成的。首先是孩子的生活圈子太小，有的孩子平时只生活在自己的小家庭里，尤其是由爷爷奶奶照看的孩子，很少出去玩，很少接触外人，他们的依赖性较强，无法独立地适应环境。

其次就是父母喜欢吓唬孩子，有的孩子在家里不听话，如哭闹或不好好吃饭时，父母就用孩子害怕的语言吓唬他"再哭就把你扔在外面让老虎吃了你""泥土里有虫子咬你的手"。如此恐吓孩子，会让孩子失去安全感，从而形成胆小怯懦的性格。此外，父母在日常生活中对孩子有过多的限制，比如去公园玩耍，不让孩子去爬山，不让孩子去湖边玩，造成孩子不敢从尝试与实践中获得知识，取得经验，从而导致胆怯的性格。

小贴士

1.鼓励孩子多参加活动

父母应有意识地为孩子创造外出活动与他人交往的机会，尤其是在

家里由爷爷奶奶或外公外婆代养的孩子，更需要从家庭的小圈子里解放出来，经常带孩子到公园和其它公共场所，让他们接触、认识、熟悉更广阔的世界。父母可以带孩子去走访亲友，或去外地旅行，开阔他们的视野，并让孩子和小伙伴们在一起游戏，和大家一起参加活动，一起结伴买东西等，从而锻炼孩子的胆量。

2.帮助孩子提高认识

孩子胆怯大部分是后天形成的结果，作为父母要端正思想，按照孩子的年龄和实际情况，给予积极的引导，帮助孩子丢掉"怕"字，同时告诉孩子，胆小鬼是什么事情都做不好的，让孩子鄙视胆小怕事的行为。对于孩子存在的胆怯心理，可以进行锻炼和诱导，比如孩子怕生人，当有客人来临时，应让孩子与客人接触，并锻炼他在客人面前讲话。这样一回生二回熟，会慢慢改变孩子的胆怯心理。

3.培养孩子勇敢的精神

父母可以经常讲一些有关勇敢的故事，平时善于观察孩子，当他遇到困难时，以便能得到及时的帮助，鼓励孩子去战胜困难。对孩子进行胆量方面的训练，比如在感觉训练中，加大木梯的训练量，慢慢锻炼孩子的胆量。

4.交给孩子一些任务

父母可以有目的地交给孩子一些可以完成的任务，限时间完成。比如假期可以让孩子独立坐公交车去朋友家或跟旅行团旅游，在这个过程中让孩子去锻炼，去克服困难。同时父母要给予鼓励、指导和帮助。当孩子完成任务时，父母应进行表扬，帮助孩子树立信心。

5.与孩子平等对话

父母与孩子的交流是多方面的，如果孩子怕黑，那父母可以在全家人

看电视时把灯关上,让孩子慢慢适应黑暗。假如孩子害怕陌生人,父母可以有意让孩子单独去超市购物,去书店买书,去参加一些宴会或电视节目等。

孩子自卑,父母要多鼓励

孩子产生自卑心理,基于多方面的原因。比如父母能力较强,对孩子期望过高,往往会让孩子产生自卑心理。生活在这样的家庭里,孩子总认为"爸爸妈妈什么都行,我什么都比不上他们,怎么努力都没用";有的则是家庭不完整,容易让孩子产生自卑,生活在破裂家庭中的孩子,得不到父母足够的爱,觉得自己是被社会抛弃的孩子;有的父母采用粗暴、专横的教育方式,严重地伤害了孩子的自尊心,往往会让孩子产生自卑心理;有的是父母自身有自卑情绪,平时总说"我不行",潜移默化地影响孩子,使孩子产生自卑心理。

心理学家认为,自卑经常以一种消极的防御的形式表现出来,比如妒忌、猜疑、害羞、自欺欺人、焦虑等,自卑会让人变得非常敏感,经不起任何刺激。假如一个孩子被自卑心理所笼罩,其身心发展及交往能力将受到严重的束缚,才智也得不到正常的发挥。

小贴士

1.避免苛求孩子

父母要帮助孩子建立自信,克服自卑心理。所以父母对孩子的要求要适当,不能苛求孩子。父母对孩子的要求应与孩子实际的能力和水平相适

应。若孩子取得了好成绩，那父母应及时表扬、鼓励，让孩子对自己充满信心。对于那些成绩稍差的孩子，父母应予以关心和安慰，帮助孩子分析原因，总结经验和教训，给孩子予以耐心的指导，一步步提高孩子的成绩。

2.丰富孩子的知识

生活中，父母经常发现当许多孩子一起交谈的时候，有的孩子说得滔滔不绝、绘声绘色，而自己的孩子却只是在一边听，一言不发。这是什么原因呢？这主要是由于孩子的知识面不同，有的孩子见多识广，有的孩子知识面较为狭窄。而那些知识面较为狭窄的孩子更容易自卑，父母需要有意识地帮助孩子丰富知识，开阔孩子眼界。

3.给予孩子一定的心理补偿

消除孩子的自卑心理，父母要善于发现他们的优点和缺点，并为孩子提供发挥长处的机会和条件，让孩子学会理智地对待自己的短处，寻找合适的补偿目标，从中吸取前进的动力，将自卑转化为一种奋发图强的动力。

4.引导孩子交朋友

自卑的孩子大多比较孤僻、不合群，喜欢把自己孤立起来。而积极的人际关系会为孩子提供必要的社会支持系统，利于自身压力的减缓和排解，性格也会变得乐观起来。而且孩子在与人交往的过程中，会更加客观地评价自己和他人。父母要多鼓励孩子交朋友，并教给他们一些社交技能。

5.帮助孩子获得成功经验

当孩子成功的经验越多，他的期望值就越高，自信心也就越强。对于自卑的孩子来说，父母要帮助他建立起符合自身情况的抱负，增加成功的

经验。当孩子遭遇困境，心生自卑的时候，父母可以引导孩子去做一件比较容易成功的事情，或者参加感兴趣的活动，以消除自卑。比如，当孩子在考试中失利了，不妨让其在体育竞赛中找回自信。

6.采用小目标积累法

许多孩子产生自卑，往往是由于对自己要求过高，将自己已经取得的成绩忽略了，他只是沉浸在大目标无法实现的焦虑中，心理上就经常笼罩在悲观、失望的阴影中。对此，父母可以帮助孩子制订一个个能在短时间实现的小目标，引导孩子向前看，从已经实现的小目标中得到鼓舞，增强自信。随着小目标的积累，不但会形成一个实现大目标的动力，而且会让孩子形成足以克服自卑的信心。

7.引导孩子正确面对挫折

孩子在生活中难免会遇到失败和挫折，而失败的阴影是产生自卑的温床。对此，父母需要及时了解孩子的心理变化，予以指导，帮助孩子及时驱逐失败的阴影。父母可以帮助孩子将失败当作学习的机遇，分析失败的原因，从失败中学习和吸取教训。也可以帮助孩子将那些不愉快、痛苦的事情彻底忘记。

8.尊重孩子的自尊心

有的孩子自尊心较强，假如做错事情，自己就会很内疚。假如父母这时再冷嘲热讽，一顿责骂，就会严重挫伤孩子的自尊心。孩子就会破罐子破摔，表现越来越差。所以，当孩子做错事情，父母应关心、理解孩子，只要孩子知错能改就行了。这样孩子就会排解消极情绪，变得越来越自信。

孩子自私，父母要教会他学会分享

在一份调查中证实近年来有36%的孩子滋长了不尊重别人、不关心别人的自私心理，70%的孩子慢慢变得任性。这种情况的出现，大多是家庭中受几代人的宠爱、保护的结果。每个人都关心孩子，于是便让孩子产生一种理所当然的至高无上的心理。

现代社会，孩子已经不自觉地成了家庭的"小皇帝"，时间长了，便形成了自私的性格。这就提醒父母，在把希望和爱倾注于孩子身上的同时，需要防止孩子滋长自私心理。

心理学家认为，七八岁多的孩子常常是"小气鬼"，想从他们的手里要一点东西，是很困难的。因为这个年龄的孩子自我意识开始形成并发展，出现了第一反抗期。他们根本不会听父母的话，总是与父母对着干。在他们头脑中有了"我""我的"这一类概念，父母越是让他给别人，或别人越是要，孩子就越是不肯给，他似乎在证明自己的力量。

小贴士

1.让孩子明白对亲人的爱要有所回报

父母要让孩子感到自己生活在母爱、父爱或其他爱之中应对亲人有所"回报"。实际上，孩子会主动回报爱他们的人的，愿意送给他们好东西，愿意为他们做事。但是，父母却不珍惜孩子这份可贵的情感，出于好心，不忍要孩子的心爱之物，舍不得孩子去做事。时间长了，孩子这份可贵的情感被磨灭了，这时，父母才感叹"孩子太自私"，但为时已晚。

2.引导孩子关心别人

父母自己先要是一个待人热情、关心别人、不自私的人，这样才会

在孩子面前有说服力。家庭成员之间，互相体贴、照顾，随时随地嘘寒问暖，从语言到行动让孩子感受到人与人之间的互相关怀。在这个过程中，要让孩子从小学会察言观色，看到别人感情变化，想到别人的心理和愿望，从而愿意做出让步，或者去帮助别人。比如孩子在看电视，爷爷打盹了，妈妈不妨引导孩子"看看爷爷怎么了？爷爷是不是困了，他要睡觉了，怎么办呢？"让孩子意识到应关电视，让爷爷好好睡觉。

3.让孩子懂得分享

父母在家庭中应制订规矩：有好吃的东西，大家都应该吃。即便是单独给孩子吃的东西，也要求他给大人吃一点。父母在这时可不要推辞或假装吃，时间长了，孩子会觉得只有他自己应该吃，给父母不过是装装样子，或好玩，一旦父母真的吃了，孩子则会大哭。孩子暴露了他的自私心理，也暴露了家庭中不良习惯带来的影响。

4.不要一切都顺从孩子

孩子处于从本能走向自觉的阶段，是人的心理和性格开始萌芽的重要时期。在这个时期，为孩子创造一种良好的教育环境，对孩子今后的心理和性格的造就，具有很大的影响作用。有的父母见家中的小皇帝发脾气，不论要求是否合理，一切都顺从孩子。孩子要吃什么，父母就做什么，孩子要什么，父母就买什么。在父母的百般呵护下，孩子的自我意识增强，家中一切都必须以他的情绪变化和要求为中心，假如达不到要求，就发脾气，这就是滋长孩子自私观念的温床。

5.给孩子出"难题"

对于大一点的孩子，父母可以出难题，比如"只有一个苹果，应该怎么办？""水果有大有小，应该怎么办？""其他小朋友要借用你心爱的东西，怎么办？"等，父母在引导孩子解决这些难题的时候，不要以压制

手段破坏了他的情绪,使他产生对抗心理,也不要放任自流,随便他怎么样。而是应顺其自然,孩子处理得好,父母应及时表扬、鼓励;若处理不当,父母应该指导,事后与他耐心地谈一谈:为什么不能这样而要那样,为什么这样做不对?让孩子知道尊老爱幼,懂得关心别人。

6.精神奖励

许多教育家研究证明:精神鼓励的作用要比物质奖励大得多,效果也好得多,原因就是能避免一些物质奖励带来的弊病。父母对孩子能关心别人,有好东西让大家分享,或做出一定牺牲的举动,要给予肯定、赞许,但不要大惊小怪地予以奖赏。不恰当的物质奖励不利于培养他无私的品格,反而会为了追求奖赏而去做事,一旦一次没有给奖,下次可能就不做了,这样,反而滋生了孩子的利己主义。

孩子比较骄傲,可以适当批评

自负的孩子往往看不到自己身上的缺点,却抓住别人的缺点不放。他们无限放大自己的优点,以至于忽略了自身的缺点。可以说,自负是以超越真实自我为基础的一种自傲态度,是一种不良个性的具体表现。自负的孩子常常过于相信自己,从而产生任性的行为。

当然,这些孩子往往难以和同学们友好地相处,因为他们不能做到平等待人,总是以高人一等的态度对待人,甚至喜欢指挥别人。他们大多情绪不稳定,当人们不理睬他们时,就会感到沮丧;当他们遭遇失败和挫折时,又会从骄傲走向悲观、自卑和自暴自弃,否定自己,觉得自己什么都不如别人。

心理学家认为，自负心理是自我认知缺陷的一种表现。自负的孩子处处瞧不起别人，对父母也表现出傲慢无礼，缺乏自知之明的心理。通常情况下，自负多表现在独生子女身上，或是表现在家庭条件比较优越、具有某种先天优势的孩子身上。

可以说，家庭的过分娇宠是孩子产生自负心理的第一根源。此外，有的父母将"以成败论英雄，成王败寇"的观念潜移默化地传递给孩子，让孩子树立了"只有强过别人，自我才有价值"的思想。孩子一旦赢过了别人，比如在学习上赢得了优异的成绩，就认为自己无所不能，看不起同学。时间长了，就出现自负心理了。

小贴士

1. 改变对孩子的评价方式

父母要慢慢改变对孩子的评价方式，对孩子的评价应实际客观。孩子身上总是有不足的地方，父母不要因为溺爱孩子就不切实际地吹捧孩子，特别是不要在客人面前没完没了地表扬孩子，这样很容易形成孩子的自负心理。

2. 少表扬，适当批评

当孩子成功地完成一件事，要让他知道这是理所当然的，尽可能不在众人面前夸奖他。当别人夸奖自己的孩子时，父母应转移话题。父母对孩子的表扬应适当，对孩子的批评也要恰如其分，既不能以偏概全，也不能掩耳盗铃、视而不见，而是应客观地指出孩子的不足之处，这样才可以帮助孩子正确地认识自己。

3. 不给特殊待遇

父母要尽量少给孩子特殊待遇，减少他表现的机会。在家庭中，父母

要把孩子当作普通的一员，不要让他成为中心人物。家里来了客人，除了正常的礼节之外，不要让孩子过多地表现自己，更不要在客人面前夸赞自己的孩子。

4.改变自己的教育观念

孩子身上的缺点大部分是由于父母的教育方式不当所引起的，不管是孩子的自理能力差，还是孩子的意志软弱、自负心理严重，大部分是父母过分溺爱孩子、保护孩子所导致的。因此，心理学家建议父母一定要理智地爱孩子，科学地教育孩子。

5.让孩子多接触社会

父母要给孩子多一些接触社会的机会，当他们看到外面纷繁复杂的世界，接触到比自己更优秀、更具专长的人，认识到"一山更比一山高"的道理，就不会因为自己的一点小成绩而自负了。所以，父母可以多带孩子出去走走，看看外面精彩的世界，开阔视野。

6.对孩子进行挫折训练

父母可以有意识地对孩子进行挫折训练，让其尝试失败的经验。父母可以交给他一些较难的事情去做，当他没能完成任务时，要帮助他分析原因，使他看到自己的不足。父母还可以和孩子一起玩竞赛性质游戏，如智力竞赛等。在这些活动中，要让孩子有输有赢，输的次数要多于赢的次数。当孩子失败时，需要教他学会调节自己不愉快的情绪，要能接受失败的考验。

孩子爱攀比，父母不能掉以轻心

虚荣心是指过分爱面子、贪图追求表面光彩的不良心理，是思想作风不扎实，心理素质不健康的直接表现。虚荣心是自尊心的过分表现，是为了取得荣誉和引起普遍注意而表现出来的一种不正常的社会情感，是一种复杂的心理现象。

生活中讲面子的心理多少会让人变得虚荣，这是可以理解的。每个人都喜欢面子，尤其是处于青春期的孩子，他们处于人生的成长阶段，心理很敏感，适度的虚荣不会对他们造成伤害，反而会促使他们上进。但是，有的孩子会羡慕别人的东西，比如名贵服饰，最后给自己增添了一些不必要的麻烦。

张妈妈一直叹气："没想到这孩子被虚荣心害成这样。"接着，她讲了孩子的事情：女儿在读幼儿园的时候，学习成绩优异，表现突出，是老师和同学公认的好学生。在成绩、荣誉和掌声中成长起来的她，心里常常处于一种骄傲和满足的状态。

但升入小学之后，她面对着众多的竞争对手，失去了往日的那种优越感、满足感，不甘落后的她使出浑身解数但还是不能如愿。上次期中考试，心高气傲的她对全班同学说："这次考试我一定要考进全班前十名。"可是，当卷子发到她手上之后，她傻眼了，最后的成绩可想而知。考试后，老师让她统计全班同学的各科成绩，自作聪明的她偷偷改了分数，她一下子进入了全班前十名。但是，这件事很快被老师知道了，她被学校通报批评，还受到了处分。

从这件事以后，她的情绪受到了很大的影响，整天忧心忡忡，愁眉不展，在家里也是心不在焉，经常一个人望着窗口发呆。

虚荣心强的孩子在成长过程中经常会出现这样一些问题：他们为了满足虚荣心理而经常说谎，情绪不稳定，不认真学习，缺乏意志力等。虚荣心对青春期的孩子来说是一种可怕的心理。心理学家认为："虚荣心是以不适当的虚假方式来满足自尊的一种心理状态。"因此，对待那些虚荣心较重的孩子，父母不能掉以轻心，应该采取必要的方法加以纠正。

有的孩子总是在同学们面前炫耀自己在物质生活上的富足，一味地赶时髦、讲究吃、讲究穿、讲究用，甚至，很多时候，还不顾家里的经济情况，盲目地与同学攀比，追求品牌。其实，孩子之所以有这样的行为，就是虚荣心在作怪。

小贴士

那么，父母应该怎么做才能让孩子丢掉虚荣心呢？

1.引导孩子树立正确的荣誉观

只有孩子树立了正确的荣誉观，有了荣誉感，才会激励自己不断进取，不断奋发向上。父母不妨这样告诉孩子："同学们吃大餐、穿名牌、坐名车并不值得你羡慕、嫉妒，因为这不是一种荣誉，只有你的学习成绩优异才是一种荣誉。"

2.鼓励孩子自食其力

当孩子为了虚荣心而攀比的时候，你可以告诉他："不是不可比，而是要通过自己的努力，去创造与别人相同的条件，从而巧妙地将攀比化成动力。"比如，孩子跟别的孩子比手机的档次，父母可以鼓励孩子自己打工攒零花钱购买手机。这样不仅解决了他盲目攀比的难题，还使孩子形成了节约意识、养成了动手动脑、发明创造的习惯。

第 10 章
孩子认知不够,父母要努力规范他的行为

对孩子来说,需要有明辨是非的能力,树立正确的价值观。尤其是处于逆反期的孩子,他们的生理和心理正处于敏感期,很容易因逆反走上歪路。而一个好的价值观影响孩子的一生,父母需要积极引导,帮助孩子树立正确的价值观。

孩子懒惰，父母尽量少服务

许多父母总是抱怨孩子太"懒"了，做什么事情都需要自己提醒，否则他就坐在那里一动不动。其实，出现这样的情况，原因是多方面的：有的孩子是没有养成主动做事的习惯，孩子天性是比较敏感的，他们的注意力和兴趣容易很快转移，不能长久地保持，因而不能很好地去做一件事情，即便是做起事情来也是"有头无尾"，或者毛毛躁躁，他们在写作业的时候，总是一会儿去喝水一会儿去洗手间一会儿又在窗户边上看一会；有的孩子是受到周围环境的影响，他们注意力不集中，总是被外界的东西所影响，比如玩具、动画片，他们看到后就会停止手中的事情，把注意力转移到另外的事情上去。

小路很聪明，十分可爱，全家人都很喜欢，不过让妈妈有一点不满意的就是太"懒"了。林妈妈常常这样说小路："你就像那癞蛤蟆，我推你一下，你才走一步，从来不会主动向前走。"刚开始听到这句话，小路很不理解，因为他没有看到过癞蛤蟆。到了爷爷家，他特意去观察了田野里的癞蛤蟆，明白妈妈说的是怎么回事了。小学一二年级的时候，小路每天放学回家，都需要爸爸妈妈监督做作业，否则他一定会跑出去玩了。

后来，林妈妈就规定了每天回家第一件事就是写作业，并且要每天按时完成作业。如果小路跑出去玩了，妈妈肯定会坚持要他晚上把作业写完才能睡觉，不管写到多晚。有时候，小路不用妈妈提醒就主动拿出作业，

妈妈也会毫不吝啬地赞扬"今天回家了，自己知道写作业了，这样的习惯很好，妈妈希望你天天都这样，好吗"。这样时间长了，小路养成了习惯，每天回家第一件事就是完成作业。

除此之外，孩子之所以会"懒"，在很大程度上就是父母惯出来的。有时候，孩子的事情没有做好，父母发现了，为了省心省事，父母就大包大揽，让孩子失去了主动做事情的机会，继而使孩子产生了一种依赖感，养成了一种做事需要有人提醒的习惯。

这时候，如果父母不能正确对待，再加上孩子的模仿能力又强，就会使一些不良行为在孩子身上得以滋生。所以，当父母发现孩子做事缺乏主动性后，就应该进行正面教育，加以鼓励，并进行引导，这样就能帮助孩子克服做事毛躁的不良习惯，使孩子养成主动做事的习惯。

小贴士

1.父母言传身教，与孩子一起做事

父母是孩子的第一任老师，因而，父母教育孩子的最好方式就是言传身教。父母除了要鼓励孩子去主动做事情，还需要以实际行动来告诉孩子主动去做事情是一种好习惯，也会从中获得许多有益的东西。比如，当孩子做完了一件事情，父母应给予赞赏，并把孩子的成果展示给他自己看，让他获得一种成就感。当父母做好了榜样，给孩子树立起了良好的形象，孩子就会受到积极的影响，继而学会主动去做事情。

2.在日常生活中培养孩子主动做事的习惯

在日常生活中，大多数孩子做事都是毛手毛脚，虎头蛇尾，这时候父母应该制止孩子们这种不良行为习惯的蔓延，进行正面引导，同时也要给予孩子一定的鼓励。当孩子在做一件事情的时候，需要父母帮助指出明

确的目的，并对孩子做事的方法给予指导。从日常生活中的一件件小事做起，慢慢地培养孩子主动做事的习惯。

3.促进孩子主动做事的积极性

有时候，孩子做得不是很好，父母就是一顿指责"做不好就别做了"，这样会打击孩子主动做事的积极性，在下一次，他就不会主动去做事了。父母应该鼓励孩子去做事，即便孩子做的事情不是那么令人满意，父母也应该先肯定孩子的成绩，这样可以有效地促进孩子主动做事的积极性。

4.适当地激发孩子

孩子缺乏做事的主动性，父母的态度是很重要的。当孩子有了偷懒的念头时，父母应该站在孩子的角度，用鼓励性的语言来激发孩子，向孩子提出一些要求。这样，孩子就会在父母的鼓励下主动去做一些事情，他也会认为主动做事并没有想象中那么困难。

孩子喜欢浪费，要灌输"勤俭节约"的意识

随着社会的不断进步，人们的经济生活也日益发展，继而提高了消费意识。在这其中，孩子成为了社会消费的主力军，他们的消费水平在不断地上涨，没有限制地攀比浪费现象层出不穷。现在，大多数孩子都是独生子女，被父母视为"掌上明珠""小皇帝"，父母的过分宠爱对孩子的身心发展会形成一种消极影响。尤其是助长了孩子浪费的不良习惯，使孩子勤俭节约的意识薄弱，许多孩子都存在着不珍惜劳动成果、不爱护公物、铺张浪费等不良习惯，为此必须引起每一位父母的重视。

爸爸和妈妈都是不喜欢浪费的人，在瑞瑞小时候，他们就有意识地去培养孩子勤俭节约的习惯。瑞瑞会背的第一首古诗就是《锄禾》："锄禾日当午，汗滴禾下土。谁知盘中餐，粒粒皆辛苦。"为了让瑞瑞很好地理解这首诗的意思，妈妈专程带着瑞瑞回了老家，观看了农民伯伯播种收获的过程，瑞瑞也明白了粮食是来之不易的。从老家回来之后，瑞瑞每顿都吃得干干净净，绝不浪费一粒米饭。在瑞瑞小时候，妈妈也买了不少玩具给他，可是大多数都被瑞瑞摔坏了。爸爸这时候索性当起了修理工，把有的摔坏的玩具拼凑起来，再次组装成新的玩具，每一次爸爸都让瑞瑞参与其中，瑞瑞很喜欢重新组装的过程，这让他觉得很多东西在用过之后还可以重复使用。

爱默生曾经说："节俭是你一生中食用不完的美丽宴席。"但在我们身边，有着太多这样的声音"这个玩具太旧了，扔了！""我要买汽车、遥控飞机，我要买很多很多玩具""我觉得衣服太少了，我要买很多很多新衣服"。

孩子虽然还很小，但花钱如流水的习惯已经养成了，其实，作为父母，应该明白即使生活富裕了也不能丢了"勤俭节约"这个传家宝。实际上，让孩子从小养成勤俭节约的习惯是很重要的，问题不并在于有没有钱给孩子花，而是要让孩子懂得钱来得不容易，应该用在刀刃上，而不是过度地挥霍，否则只会培养败家子。

小贴士

那么，如何培养孩子勤俭节约的习惯呢？

1.培养孩子勤俭节约的意识

父母可以通过讲一些故事教育和引导孩子从小就要勤俭节约，不贪图

享乐,不爱慕虚荣。在家里经济条件许可的情况下,吃得好一点穿得好一点是可以的,生活和学习的环境舒适一点也是可以的,但不能让孩子忘记了勤俭节约。父母要教会孩子量入为出,给孩子讲勤俭持家的道理,使孩子懂得一粒米、一滴水都是辛勤劳动而来的。衣食住行也是父母花力气挣来的,培养孩子勤俭节约的意识,这也是塑造良好品德的开端。

2.言传身教,父母要做好榜样

要想孩子养成勤俭节约的习惯,父母自身就要勤俭节约,如果做父母的花钱也是大手大脚,那孩子爱浪费就不足为怪了。喜欢模仿是孩子的特点,孩子的许多行为都是从模仿开始的。父母是孩子的第一位老师,你的一言一行,一举一动都对孩子性格、品德的发展形成有着潜移默化的作用。父母在平时的生活中要勤俭节约,为孩子做好榜样,比如,随手关灯,不浪费自来水,爱惜粮食等,以自己良好的行为举止作为表率,去感染孩子,使孩子真正地养成勤俭节约的良好行为习惯。

3.让孩子体验劳动

父母可以引导孩子进行一些力所能及的劳动,通过劳动来收获来之不易的果实。比如在农忙的时候,父母可以带着孩子一起去拾稻穗,使他们理解什么是"谁知盘中餐,粒粒皆辛苦",继而培养孩子热爱劳动、勤俭节约的习惯。另外,父母可以让孩子搜集家里的旧物品,卖掉的钱可以存起来,然后捐助给那些贫穷的孩子。那些使用过的东西可以重复使用,比如用易拉罐做一个花篮,这样既让孩子体验了劳动,也可以培养孩子勤俭节约的习惯。

4.引导孩子合理利用金钱

父母一般都会有给孩子零花钱的习惯,但这时候,给孩子零花钱要有计划,适当地限制数额,不要有求必应,应该依据孩子的大小、实际用

途和支配能力来给予。另外，引导孩子学会记账，设计一本"零花钱记录本"将自己的零花钱的去处进行记录，父母还可以与孩子一起讨论，哪些钱是该花的，哪些钱是没有必要花的，让孩子们明白钱要花在刀刃上。

孩子痴迷游戏，想办法转移其注意力

对网络游戏，孩子们是怎么看待的？

不少孩子表示："终于结束了紧张的考试，可以无忧无虑地玩游戏了。"王同学介绍说："我们班里27位男生，大部分都会打网络游戏，但他们平时是上完课、做完作业才玩一玩，但有些玩游戏的同学学习成绩也特别好，平时也不怎么见他们上瘾。如果假期没人监管，那就很难说了。"一位学生说："经历完考试，放松下来之后，我突然不知道该干些什么了。于是在网上打起了奇幻游戏，现在每天上网超过10小时，过着昏天暗地的日子。"

另外，不少孩子称，他们玩诸如"永恒之塔""热血英豪""冒险者""魔力宝贝"等游戏。有的游戏带有暴力、血腥、色情等因素。有的孩子还会在游戏中买武器，花了几千元买装备、道具，他说："因为你想上一层，级数高一点，装备好才能打赢别人。"对此，教育专家表示，经常接触暴力游戏的孩子会多少存在一定的暴力倾向。

几位家长坐在心理咨询室里，聊起了孩子沉溺网络游戏的话题。

家住东城的邓妈妈说："孩子考试之后彻底放松，曾连续上网10小时，天天待在家里玩网络游戏，不运动、不休息，我真担心他会玩上瘾影响身体健康。"

黎先生满脸愁云："我们家一对双胞胎，考试放假在家迷上了打游戏。前几天姐妹俩为争电脑玩网络游戏大打出手，我非常生气，一怒之下扯下了键盘。以前她们利用周末玩玩放松一下也没怎么管她们，现在放假了更是变本加厉地玩，我早就想揍她们一顿了。"

坐在一边的杨女士也有同样的烦恼，她说："孩子现在正在读小学三年级，就有玩网络游戏上瘾的倾向。前段时间，沉迷游戏的她说不愿意上学，我当时生气把网线撤了，结果，孩子待在家里任凭我们责骂就是不愿意上学，我实在是没辙了。"

由于孩子学业和心理负担比较重，网络很容易成为他们躲避负担和压力的"防空洞"，并沉迷其中不能自拔。另外，由于孩子不具备较高的识别和判断能力，无法自觉抵御不良信息的影响，这也会影响到他们的身心健康。一些孩子长期沉迷于网络游戏，导致一些精神和躯体的病症，影响了他们的健康成长。

小贴士

1.父母理解孩子的心理需要

其实，追寻孩子喜欢沉迷网络游戏的原因，大多数是为了需求某种心理需要。青春期孩子有许多的心理需求，但是，这些需求很难轻易得到满足，都需要付出艰苦的努力。然而，在网络这个虚拟的世界里，他们却能轻易地得到满足。

在网络里，在游戏中体验到成功的乐趣，而且，这种成功的机率将会大大增强。每打过一关，那种欣喜若狂的感受比在现实世界中要快乐得多。而且，这种感觉会强化他们参与网络游戏的行为，使他们沉迷其中不能自拔。

2.父母对沉迷网络的孩子要有耐心

许多父母在向心理医生求助的时候,都会说"孩子上网已经几年了",试想,几年时间养成的习惯,会在几个月或者几天就改掉吗?作为父母,要想挽救那些对网络游戏着迷的孩子,除了具体的方法之外就是要有耐心。

3.给予孩子更多的爱

在家里,父母要给孩子提供一个温暖、宽松、民主的环境,让他感受到亲情的温暖。对待孩子,要多鼓励,少责备。这样一来,孩子不会因为父母的批评而难受,不用为实现不了父母的愿望而担心。当孩子感受到家的温暖的时候,他就会渐渐地远离网络游戏了。

孩子课堂纪律差,父母要细心引导

据一些小学低年级老师反映,刚刚进入小学的孩子都不能很好地遵守课堂纪律,他们老是喜欢动、坐不住,不然就是喜欢讲话、大声喧哗,等等,这很影响其他同学的学习,也让老师觉得很难处理。

回家的路上,君君拉着妈妈问这个问那个。到了晚上,在妈妈的辅导下,君君写完了老师布置的作业。君君动作熟练地打开了电视机,看起了动画片,妈妈故意大声与爸爸说话,一会儿,君君有点生气地跟妈妈说:"妈妈,请你说话小声点,你影响到我看电视了。"妈妈坐在君君旁边,轻声说道:"君君,如果有小朋友在课堂上讲话会影响你学习吗?""会。"君君毫不犹豫地回答。妈妈又说道:"那为什么咱们的君君总喜欢在课堂上讲话呢?""这是因为我想和他们说清楚要玩的游

戏。"妈妈明白了，拉过君君："可是，你这样在课堂上讲话，既是不尊重老师的行为，而且你和同学在课堂上讲话，让其他同学没有办法认真听讲，也会影响他们的学习，所以，以后有什么事情下课之后再讲，上课的时候需要遵守课堂纪律，还记得是哪些吗？"君君低下头："记得，不许随便讲话、打闹，不能睡觉，妈妈，我以后会遵守纪律的。"妈妈听到了君君的保证也就放心了，陪着君君看起了电视。

其实，出现这样的原因，就是孩子们习惯于幼儿园里那种松散的课堂环境，还有就是孩子的注意力比较分散，他们不能长久地保持注意力，所以，在没有足够的自我控制能力的情况下，他们就会作出违反课堂纪律的言行来。而这时候，父母则应该担负起培养孩子注意力的责任，提高课堂效率。

小贴士

1.有意识地培养孩子的注意力

注意力是智力结构中的一个重要组成部分，也就是一个人专心于某事物的能力。孩子进入了小学这样有着系统知识的学习环境，对孩子的注意力有着很高的要求，因为每一节课所需要的时间是四十分钟或者更长，则相应地就需要孩子保持这样长时间的注意力，这对于刚刚从幼儿园出来的小朋友来说是一个极大的考验。

因而，有的孩子在课堂上就表现出活泼好动，坐不住，而且注意力分散，对学习也缺乏兴趣，不善于支配自己的行动；还有的孩子做事三心二意，常常半途而废。这时候，父母如果不采取一定的措施对孩子的行为进行纠正，久而久之就会养成一种习惯，他们对任何事物都难以进行深入的思考，头脑简单，行为幼稚，这对于孩子的学习成长都会带来极为不利的影响。

2. 观察孩子的行为

作为父母应该知道对孩子这种不良行为长久的忽视，就会给孩子的未来造成难以弥补的损失，所以，一方面父母要冷静细心地观察孩子的行为，找出孩子注意力分散的根本原因；一方面就要有意识地培养孩子的注意力。培养孩子注意力的方式有各种各样的，但不外乎都是为了让孩子长久地专注于一件事情。这样的训练时间是由短到长，父母可以选择孩子比较感兴趣的事情入手。

你可以选择给孩子讲故事，通过提问来集中孩子的注意力；你可以选择让孩子观察动物的成长过程；你可以请孩子帮忙拿一些东西，由一件到几件不等，这样来增强孩子的注意力。通过这些训练方法，时间久了，孩子的注意力自然就会有所增强，他们能长久地专注于一件事情，也就提高了课堂效率，降低了孩子扰乱课堂纪律的可能性。

3. 告诉孩子，违反课堂纪律的后果

虽然孩子的注意力有所增强，但他们还是难以保持长达四十分钟的注意力。这时候，父母应该告诉孩子违反课堂纪律的后果。让孩子明白他所在的学校不同于幼儿园的轻松环境，在小学，孩子需要遵守学校的课堂规定，这才是一名合格优秀的小学生。另外，孩子在课堂上违反纪律，这是不尊重老师的行为，会影响到自己的学习，还会影响到其他同学的学习。当孩子知道了违反课堂纪律的严重性，他就会收敛自己的行为，认真听讲，进而提高课堂效率。

孩子喜欢拖沓，父母要做好监督

播撒一个行为，你就会收获一个习惯；播种一个习惯，你会收获一种品格；播种一种品格，你会收获一个命运。孩子也许没有很好的天赋，但是他一旦养成了很好的习惯，就会给自己的一生带来巨大的受益。许多孩子都有做事拖沓的习惯，他们常常会因为贪玩而误了作业，父母问他原因，他还会搬出很多借口。

其实，孩子有这样的习惯对他的未来是相当不利的，习惯虽然不能决定一切，但一定程度上可以影响他做事的效率和风格，尤其是对于小孩子来说，一个小小的习惯有可能会带来一生的阻碍。因此，父母要让孩子养成"当日事，当日毕"的良好习惯，这会成为他一生的财富。

星期六早上，妈妈很早就把孩子叫醒了，叮嘱他今天一定要完成作业，否则明天就不能去玩了。还没有完全清醒的孩子点点头，妈妈就出门上班去了。中午，妈妈打电话回家，问孩子作业完成得怎么样了，孩子兴奋地告诉妈妈"马上就写完了"。可是，晚上妈妈回家了，孩子却不好意思地跟妈妈说："我下午多看了一会电视，作业没有写完，但没有多少了，明天玩了回来也可以写的。"妈妈太了解孩子了，明天回来他也会说累了不想写，因此，妈妈很生气："昨天晚上和今天早上，你都向妈妈做了保证，今天的作业必须写完，不能拖到明天，既然你今天的事情没有做完，那么晚上继续写，你可以拒绝不写，那么明天去公园的计划就取消。"看着妈妈这样严厉，孩子晚上加班写完了作业，第二天妈妈也兑现诺言带他去了公园。

其实，许多父母意识到了孩子的坏习惯，那就是做事喜欢拖拖拉拉，问到他为什么没有完成，他就找借口，父母虽然觉得这样的习惯很不好，

但却不知道该如何帮助孩子改掉这样的坏习惯。玲玲妈妈说，有一次马上就开学了，可玲玲假期作业没有写完，开学前一天晚上，她硬是让玲玲熬通宵把作业写好了。从那一次之后，玲玲就明白了做任何事情都不要拖沓，今天的事情必须今天做完，否则就会影响到明天的事情。现在，玲玲每天都会把该写完的作业做完，假期的时候，还会提前写完作业，这样她就有更多的时间来玩耍了。

现在玲玲成了爸爸和妈妈的监督者，当爸爸和妈妈宣布今天要完成哪些事情，如果他们没有完成，玲玲就会搬出妈妈的理论来监督他们。在监督爸爸妈妈的过程中，玲玲也明白了"今日事今日毕"的重要性，所以有时候会克制自己的惰性和贪玩心理，她把那句名言贴在自己的房间，以此来勉励自己。

小贴士

1. 父母率先做好榜样

泰戈尔说："当你为错过太阳而流泪时，你也将错过月亮和星星。"人性本身就是散漫的，更何况是还不懂得控制自己的小孩子。他们很难坚持一件事，对时间的控制也做得不到位，有可能一道题他也会做得很久，最后导致很多事情不能完成，于是，把本来当天该完成的事情拖到了第二天，还会为自己寻找借口。这样的情形不仅仅出现在孩子身上，有时候还会出现在父母身上。所以，要想孩子养成良好的习惯，父母就应该率先做好榜样，在任何时候做事都不要拖沓，让孩子从小就明白"当日事，当日毕"的道理。在成长路途中，孩子本来就喜欢模仿父母的言行，如果父母能够以身作则，孩子就会意识到做事拖沓是不对的，进而树立一定的时间观念。

2.培养孩子"当日事,当日毕"的习惯

在日常生活中,父母就要有意识地培养孩子做事不拖沓的习惯。比如,当孩子独立写作业的时候,适当地限制时间,让孩子在规定的时间内写完作业,这样就会提高孩子的学习效率,也可以按时完成作业,不至于拖沓。另外,父母要有计划性地安排孩子一天的事情,比如到了假期,给孩子布置一定的作业,再给予一些自由支配的时间,但是,要告诉孩子"今天的事情必须做完,明天还会有明天的事情要做",而且必须在做完事情的情况下才能自由支配时间,让孩子学会克制自己的惰性,克制自己想玩耍的心理,努力养成一个好的习惯。

孩子享受"钱"带来的虚荣感父母应反思

随着年龄的增长,心理上的成熟,许多青春期孩子意识到了"金钱"的重要性。除了平时学习之外,无时无刻,他们不是在感受"钱"带来的虚荣感。小小年纪的他们已经开始欣赏歌星、影星的风采,欣赏迪斯科的节奏,欣赏百万富翁的潇洒,欣赏同学过生日花钱多,欣赏同学的名牌服饰。如此种种的欣赏,其实就是以自身在与他人做攀比。

在比较中,孩子发现别人在某方面远远超过自己,就可能产生欣赏、羡慕的心理。当然,健康的欣赏可以激发积极向上的动力,而变调的欣赏则会演变成攀比,还有可能诱发不健康的行为。处于青春期的孩子,他们已经开始用眼睛观察身边的生活,一旦看到别人拥有的东西,他们往往不能冷静地分析"我是不是需要",就急切地想去拥有。

几位中年妇女聚在一起聊天,不约而同地谈到了孩子追赶潮流的话

题。一位母亲说："孩子今年上三年级了，天天吵着要手机，我看许多学生都有，就答应了她。你猜她怎么说？说一定要买最新款的，不能比别人的差。"另一位母亲附和道："现在的孩子可爱攀比了，在吃、穿上处处和别人比较，他们一半的心思都花在攀比上，哪里有功夫读书啊。"

一直沉默的王女士说："哎，现在的孩子，早上我刚刚看了一个新闻，说一个17岁的安徽小伙子在网上接触了一个卖肾的中介，当时他正想买一个iPad2，在中介的劝说下，他到湖南某医院进行了肾摘除手术。当我看到这个新闻，真是被吓倒了，现在的孩子一点也不让我们省心。"

"说到底，这就是虚荣心在作怪，我家孩子也是，经常嘴里说的都是什么名牌衣服啊、名牌鞋子啊，别人要有的，她自己也要有，可我们有什么办法呢？孩子要，我们做父母的，还不是乖乖掏钱买。"一位母亲很无奈地回答说。

"再穷不能穷孩子"，这是曾经被广泛地刷在墙上、写在黑板上、挂在嘴边的一句话，表达了调动一切社会力量办教育的决心。但是，现在，这句话有了新的理解。许多父母总是竭尽所能地满足孩子的种种消费需求，父母大力支持的行为助长了孩子们互相炫耀的攀比心理。其实，对于孩子们盲目地追逐虚荣的生活，作为父母，应该要反省自己的行为。

孩子正处于生长发育阶段，对事物尚缺乏正确的判断、分析，而攀比心理会给孩子的身心健康带来消极的负面影响，甚至孩子的自信心也在攀比中慢慢消失。

◆ 小贴士

对待孩子的攀比心理，父母应该积极引导，具体说来，应该从下面几个方面着手：

1.榜样的力量

俗话说:"大狗爬墙,小狗学样。"孩子有较强的模仿力,在这样的情况下,父母的一举一动都会给孩子留下深刻的印象。因此,作为父母,应该做好榜样,从自身做起,理性消费,在孩子面前切忌与同事、朋友盲目攀比,以免影响到孩子的心理。

2.对孩子不要"有求必应"

许多父母秉承着"再穷不能穷孩子的观念",于是,孩子想要手机,买;孩子想要名牌包包,买;孩子想要电脑,买。如此对孩子有求必应,很容易养成孩子过度的、以自我为中心的心理。如果孩子想要什么就给什么,如此娇生惯养很容易造成孩子攀比的惯性,不利于他心理的健康发展。

3.引导孩子理性消费

有的孩子只要看见朋友有了新的东西,他就想买,从来没考虑过那些东西是否真的适合自己。在这样的情况下,当孩子再要求买东西的时候,父母应该告诉他:"你是否真的需要这些东西?它对你有什么作用?"以此引导孩子正确分析盲目消费的现象,冷静对待虚荣的攀比心理。

第 11 章
孩子不够独立，请先给他成长空间

七八岁的孩子刚刚从自由散漫的幼儿园毕业，刚刚进入小学生活。他们在生活里不够独立，常常在课堂上还会哭闹，很多家务活也不会做，在这个阶段父母要先给孩子成长空间，让孩子尽快独立起来。

帮助孩子顺利进入过渡期

许多孩子刚上小学时都会信心十足,带着幼儿园的"小明星"这样的称号走进小学,在他们看来,自己这些荣耀是一直跟随着的,可一旦自己在小学受了冷落,就会产生厌学情绪。幼儿园对于每一个孩子来说都是一段最美好的时光,在这里,每个老师所负责的学生有限,他们会轻易地发现每一个孩子的特长,孩子也会受到相应的赞赏、重视,这无疑给了孩子很大的成就感、快乐感。

小贴士

1.放松孩子紧张的心理

小学一年级孩子正处于以游戏为主的幼儿园生活到小学的学习生活的过渡时期,一些孩子由于在入学前准备不够充分,出现了入学恐慌症。有的孩子因为压力大,晚上休息得不好,会引发身体上的疾病,比如发烧、腹泻。因此,在这一阶段,父母要和孩子多沟通,积极引导孩子的心理,可以经常赞扬"我们的小主人回来了""今天以前的老师打电话说祝贺你成为了一名小学生"等,让他觉得当一名小学生是一件光荣的事情,放松他们的紧张心理,以具备一个良好的心态。

2.培养孩子的独立意识

孩子进入小学了,意味着离开了家庭,开始有一定的独立生活,为了

消除孩子的紧张心理，父母应该培养孩子的生活自理能力，让他们自己的事情自己做。在幼儿园孩子习惯了凡事都是老师做，但现在父母可以教导孩子自己去做一些事情，比如，刷牙、洗脸、自己大小便、穿衣服、收拾书包，等等；同时，父母还需要教会孩子简单的劳动，比如扫地、抹桌子等；还有学习工具上的使用，比如如何使用剪刀、浆糊、削笔刀，等等。

3.给孩子灌输一些安全知识

父母还应该向孩子灌输一些安全知识，必须让他懂得并遵守交通规则，诸如简单的"红灯停，绿灯行"，在斑马线内才可以穿越马路，还需要明白"过马路，左右看，不能在路上跑和玩"，如果迷路了要找警察叔叔而不是跟着陌生人走。还要让孩子记住自己和父母的姓名、家庭住址、门牌号、家庭电话和父母工作单位，等等，以备不时之需。父母还需要教育孩子不玩火、不去拨弄电源开关、不拉扯电线、不去建筑工地玩，没有父母带领不可以去游泳玩水，以免酿成事故。这些必要的安全知识一定要让孩子知道，以防万一。

4.帮助孩子引导正面情绪

也许，孩子在放学之后会抱怨"不喜欢上学""不喜欢学校"，这时候，作为父母，要尽量从正面引导孩子的情绪，尽量让上学这件事与快乐的情绪联系在一起。孩子每天放学后，你可以询问孩子"今天开不开心""今天又有什么好玩的""今天老师批评你了吗"等等，父母一定要注意孩子情绪的引导问题，父母应站在老师学校这一边，肯定学校、肯定老师，冷静、客观地分析孩子所说的问题症结在哪里，适当地与老师沟通，消减孩子的厌学情绪，以便利于孩子的学习。

让孩子养成写日记的习惯

有人说日记是人生的轨迹，它描绘着天真烂漫的童年，五彩斑斓的青少年，幸福安康的晚年。如果孩子能养成写日记的好习惯，这对他的一生都是有益的。写作是语文学习的重要内容，而语文又是一门基础课，学好语文是学好其他科目的重要基础。

但是，在实际生活中，许多孩子听到写作，头就摇得像个拨浪鼓一样，他们常常会抱怨"讨厌写作，害怕写文章"。其实，提高自己的写作水平，这并不是一蹴而就的事情，而是需要平日一点一滴地积累，坚持不懈地努力才能有所提高。而写日记则是一种最有效的方式，它能够有效地提高学生的写作水平。

小贴士

1.培养孩子写日记的兴趣

父母要想培养孩子写日记的习惯，关键就是使孩子对此感兴趣。父母不能一味地强迫孩子去写日记，应该采用循循善诱的方式引导他们。父母不需要规定日记的内容，可以让孩子随心所欲地写，另外，需要为孩子创造出新颖独特的素材。有的孩子写日记就是"煮饭、烧菜、洗碗"，这样千篇一律就没有可写性，父母可以在平时多带孩子去公园、动物园逛一逛，孩子看得多了，开阔了视野，也就有了灵感，有了想法，他才愿意去写。如果天天让孩子呆在家里，他思维受到了限制，自然也就写不出东西来了。

2.引导孩子写日记，让孩子获得成就感

由于坚持写日记，圆圆的作文水平日益提高，他的作文还常常被老师

当作范文在班上朗读。每当那时候，圆圆最骄傲了，老师夸他的作文"有生活气息、富有感情、生动形象"，同学们都很羡慕圆圆，纷纷请教圆圆有没有秘诀，圆圆神秘地说："妈妈说，因为我有一个好习惯，那就是坚持写日记。"

当孩子完成了一篇日记，父母要给予表扬，让孩子有一种收获写作的成就感，这样他们就尝到了写日记的甜头，逐渐的喜欢上写日记。如果孩子的写作基础较弱，父母也要给予孩子帮助。有时候，孩子虽然在公园玩得很开心，但写日记的时候还是会感到无从下笔，这时候，父母可以适当引导孩子：你今天看到了那么多鲜花，你最喜欢哪种花？为什么会喜欢呢？你现在还能想起它的样子吗？这样一提问，孩子也会有自己的答案，再把这些答案串联起来，就是一篇日记了。这样下去，孩子就不会感觉到写日记很困难，相反，他们能在写日记中感受到快乐，就会喜欢上写日记，进而养成一种学习习惯。

3.让孩子养成写日记的习惯

孩子喜欢上了写日记，父母就要进行正确引导，让孩子养成写日记的习惯。父母可以让孩子每天坚持写一篇日记，既不要规定日记的内容，也不要规定日记的字数，让孩子觉得每天记录下自己的心情是很自然的事情。这样时间长了，孩子已经把写日记当作了一种习惯，写日记对他来说就不再是一种负担，每天不在自己的笔记本上写那么几句话，孩子就觉得心里不舒畅，这样就可以不断地为孩子积累素材，进而提高他的写作能力。

请尊重孩子强烈的独立意识

孩子叛逆，产生对抗情绪，这是一种独特的心理现象，也是一种必然的生理现象。孩子的心理随着年龄段自身的变化而变化，第二性征的出现给他的心态造成了冲击，他面对自身的变化经常会感到不知所措，从而产生浮躁心态和对抗情绪。

孩子为独立作准备，所以他想在心理上跟父母分离，表现出来的就是强烈的独立意识。心理学家认为，孩子成长期的亲子对抗是有积极意义的，只是每个孩子性格不一样，独立意识不同，许多父母都没准备好，孩子只是出于父母自身意愿而存在。面对成长期的亲子对抗，父母的改变应该比孩子更多。

小梦读初中时，非常喜欢信息技术这门课，父母则简单禁止她"玩电脑"，一味要求她放学回家必须做多少作业、多少遍练习，这引起了小梦的不满。既然父母在家不让她做自己想做的事情，她就故意不用功，让成绩一落千丈，明知这样做不对，小梦依然我行我素，她甚至喜欢看到父母不舒服、干着急的样子。

当父母说："今天下雨了，记得出门多带一件厚外套""宝贝，你最近怎么回事，得抓紧学习啊，你这样，我真的不知道该怎么办啊""以后你长大了，怎么办呢……"这时，小梦就会下意识地捂住自己的耳朵，大声叫道："你们说什么，我都不想听，走开啊，你们……"

当父母好心提醒孩子"降温了，多带件衣服去学校"，孩子的回答却是"你好烦啊……"成长期孩子的不听话成为了父母心中挥之不去的"痛"，他要么与父母针锋相对，吵闹顶嘴；要么对父母的话置之不理，置若罔闻；要么受到批评就摔门而去甚至上演离家出走的戏码。对于这样

的孩子，父母选择了"打骂"，但越是打骂，孩子反而越叛逆，越是与父母对着干。

孩子心理呈现成长期心理的特殊性，他觉得自己已经像个成年人，所以在面对问题时他们经常呈现出幼稚的独立性，采取一些偏激的或是强烈的反应。

由于自我意识和好奇心的增强，又由于社会、媒体的冲击，促使成长期孩子对许多东西产生兴趣，他便要通过表现个性、追逐潮流来满足自我意识和好奇心。社会和家庭的传统教育的一些弊端，阻碍了他自身发展的需求，成为了对抗情绪产生的源头。

小贴士

1.尊重孩子的"心理断乳期"

心理学家认为，12岁至16岁是孩子的"心理断乳期"，随着接触范围的扩大，知识面的增加，他们内心世界丰富了，容易对父母产生"逆反心理"。他们认为自己已经长大了，对社会、人生有着与父母不同的看法，不要父母处处管着自己，于是开始时时顶嘴，事事抬杠。

2.理解和接纳孩子

孩子出现的一系列身心变化，他自己也是始料不及、难以控制的，这时尤其需要父母的理解和接纳。千万不要看到孩子一些变化，或者发现孩子的反常行为就大呼小叫、惊慌失措，更不要打骂训斥，横加指责，否则，只会加剧孩子的逆反心理，增加与父母的隔阂。

3.父母应改变自己的教育模式

父母要改变自己说话时所用的语气、措辞、态度及行为。传统的教育方式已经证明没什么效果，所以不管你怎样改变，都可以比重复过去的方

法多一个成功的机会，不要总以为改变了，孩子就会马上听话，他会用无数次试探来看父母是否坚持。

4.尊重和信任孩子

情绪本身不是问题，真正需要处理的是导致情绪出现的事情或过程。父母假如可以跳出这种在孩子面前的权威怪圈，从孩子成长的长远来看，做与孩子平等的朋友是更理智的教育方式。由于朋友之间的平等，让彼此之间的沟通会更流畅，这样就不会为"听话与否"的问题与孩子产生分歧。

5.父母提高自身的影响力

父母对孩子的影响力来源于知识和榜样的力量。在平时生活中，父母要不断学习，提高自身知识积累，通过渊博的学识让孩子信服。以身作则，言行一致，注重自身修养，树立自己的威信，成为孩子的榜样。即便与孩子交流，也要做到心平气和，态度和蔼。

6.对孩子多忍让

孩子比较叛逆，父母不要硬碰硬，不要跟孩子争高低，认为胳膊总是拧不过大腿，对孩子应适度忍让。假如与孩子发生冲突，作为父母应该懂得忍让，让孩子先过去，这毕竟是孩子的人生必经路。

7.对孩子多赞美、少批评

教育家认为，好孩子都是夸出来的，恰到好处的赞美是父母与孩子沟通的兴奋剂、润滑剂。父母对孩子每时每刻的了解、欣赏、赞美、鼓励会增强孩子的自尊、自信。父母应该记住这样一句话：赞美鼓励使孩子进步，批评抱怨使孩子落后。

8.给孩子一个自由的空间

有时候孩子因专注于感兴趣的事情而忽视了父母的话，这完全是在情

理之中。父母应适当多给孩子留一个属于她们自己的空间。这样孩子才有时间或胆量做自己喜欢做的事情，假如父母可以及时送上称赞，还将有利于孩子将来的发展。

9.让孩子认识到什么样的行为是自己应该做的

多听话便会少用脑，这容易让孩子产生依赖的性格，不管对孩子的智力发展还是自主能力、创造能力的培养都非常不利。因此，最好的办法不是要孩子听话，而是帮助孩子认识和感觉到什么行为是他自己应该做的，而且让其感受到从中的许多乐趣。

鼓励孩子走出门去运动

据统计，因窒息、溺水、车祸、跌落、中毒等意外伤害引起的死亡，占我国孩子死亡人数的50%左右。所以，加强对孩子的安全教育，提高那些未成年人的自我保护意识和能力，继而减少意外伤害，这是非常有必要的。有的父母却不得要领，认为外面的任何的运动都是有危险的，不妨把孩子关在家里，不让他参加运动，这样孩子不就安全了吗？

其实，父母这样的做法是极为不当的，虽然保证了孩子在自己视线范围内的安全，但如果孩子在自己视线范围之外，那么你就无法保证孩子的安全了。而且，由于孩子从来没有接触过运动，缺乏一定的安全常识，必然会埋下一些安全隐患。所以，父母要改变自己的教育方式，让孩子走出家门，让孩子爱上运动，让孩子在运动中学习安全知识，提高自我保护的意识与能力。

父母要想孩子安全地成长，最重要的不是如何让孩子远离危险，而是

教会孩子如何保护自己，自觉树立安全意识。教会孩子这些并不是关在家门就能够有效果的，而是需要让孩子走出家门，通过一些实际活动来获取安全知识，比如运动。在运动中，教孩子处理各种突发事件，学会珍惜自己的生命。那些懂得自我保护的孩子，即便父母不在身边，他们也能很好地保护自己，使自己不受伤害。而且，时间长了，他们会分辨出哪些运动是安全的，哪些是不安全的，遇到了危险，他们也会及时地想办法解决。另外，运动对孩子也是有诸多好处的，它增强了孩子的集体意识，使孩子在运动中掌握了一些安全知识，还可以培养出一种健康的生活方式。

小贴士

1.鼓励孩子走出家门

有的孩子整天在家里过着"电视—电脑—床—零食"的生活，这样一种生活方式不利于孩子的身心健康。因此，父母要鼓励孩子走出家门，鼓励孩子参加一些运动是很有必要的，让孩子在运动中享受快乐、强健身体、学习知识。

2.帮助孩子选择适合自己的运动

不同个性的孩子会喜欢不同的运动，有的孩子喜欢球类，比如篮球、足球；有的孩子则喜欢游泳、体操。每个孩子都有自己的强项与弱项，并且他们也有自己钟爱的运动，父母可以让孩子多尝试几种运动，帮助孩子找到一种适合自己的运动。即便孩子选择了带着危险性的运动，父母也要给予支持，比如有的孩子喜欢游泳，父母不能因危险性来拒绝孩子的要求，而是应引导孩子安全地学习这项运动技能。

3.让孩子多看一些运动比赛

父母可以带领着孩子去观看一些运动比赛，通过看到那些运动员的高

水平表现，感受那种运动所带来的兴奋，孩子会表现出对这项运动的更大兴趣。而且，在观看比赛的过程中，父母可以向孩子讲一些比赛过程中的安全常识，让孩子在享受运动的过程中学习一些自我保护的知识。

4.陪同孩子一起运动

对于有一些带着某种危险性的运动，父母要陪同孩子一起运动，必须教会孩子熟练的运动技巧，以便孩子能独立地完成这项运动。另外，在教会孩子运动的过程中，不仅仅是教会孩子运动的技巧，还有一些自我保护的技巧，防止孩子在运动中受伤。孩子年龄还比较小，如果他参加了某种运动，父母最好是陪同前往，以防发生什么不测。

面对亲子矛盾，做引导型父母

父母和孩子解决矛盾的方式，不管是在现在还是在以后都会直接影响到孩子和其他人相处的态度。假如父母常常以蛮横或暴力方式去解决问题，由于在家里孩子没有学习到正确的解决矛盾的方法，在他进入叛逆期后就会产生很多问题。而在每天充满争吵、暴力或回避矛盾的家庭环境下成长起来的孩子，通常不懂得怎么样去解决和同龄人、和父母之间分歧。

在传统家庭教育中，孩子听父母的话是理所当然的，父母往往不太尊重孩子的意见。经常是父母决定包括填报高考志愿、找工作和选伴侣等所有孩子的人生大事，扼杀了孩子的个性，最后让孩子成为没有主见的人。随着社会的不断进步，现在的孩子变得越来越有自己的看法了，不再对父母的意见唯命是从了。于是，父母与孩子容易产生矛盾。

母亲说，自己和孩子之间的矛盾是现在家里的"主要矛盾"，痛苦万

分的母亲找心理咨询师咨询后,给孩子写了一封道歉信:"由于你弄丢了东西,在课堂上说话,成绩下降,剪了一个妈妈不喜欢的发型,和同学煲电话粥,妈妈是多么粗暴地对待你,大声地责骂你……孩子,感谢你的宽容,即便我刚刚责骂你,之后你还是待在我身边,亲热地叫我妈妈;感谢你的存在,让妈妈意识到生活的责任。我多么希望我们母女二人能够永远和睦相处,成为彼此最亲密的人……"

小贴士

1.不要对孩子做无原则的让步

当矛盾产生的时候,有的父母表现得过于宽容,因为他们不想伤害孩子的感情,更不愿意听到孩子说:"我恨你。"通常这类父母在年幼时受到过严厉管教,所以会采取完全相反的教育方法。父母十分感慨:我希望孩子觉得他的父母都是平易近人的,就像他的朋友一样,他在我面前可以无拘无束,自由自在。在与孩子发生冲突时,父母有时不得不对孩子做出让步,因为父母不想破坏和孩子建立起来的良好关系。

不过,无原则的让步会使孩子养成以自我为重心的性格,变得调皮捣蛋,难以控制,成年后会成为一个自私自利的人。父母要用纪律约束才会让孩子成为一个懂得自律的人,在孩子暴躁的时候,父母要想办法让他安静下来,习惯对孩子说"不",让孩子知道,并非什么时候都是自己说了算,使他慢慢地学会为别人着想和尊重父母。

2.不要一味地回避与孩子的矛盾

当孩子在学校里考试作弊被老师抓到之后,若父母会说:"我的孩子是不会这样做的。"这样的父母通常不愿意正视孩子所犯的错误,当问题出现时,他们的第一反应就是推卸责任。孩子具有叛逆性,要说服他们并

不是一件容易的事情，有许多父母不愿意和孩子正面交锋，而是采取冷处理回避矛盾的方法。尽管适当的降温是一件好事，不过假如一味地回避矛盾，其结果就是孩子长大后不懂得如何正面解决矛盾。

父母要习惯和孩子面对面地解决矛盾，假如现在忽略矛盾的存在，那结果是令人难过的。由于问题没有马上得到解决，会让心情变得焦虑和压抑，这种不良情绪积聚到一定时期就会像火山一样爆发，会使父母把怒火发泄在孩子身上，结果只会加深孩子的对抗情绪，把事情弄得更糟。

3.避免专制地解决矛盾

有些父母经常大声斥责孩子，甚至使用羞辱和恐吓的方式，尽管大多数父母并不认同这样的做法，但他们就是控制不住自己的情绪。在这样的家庭教育下成长起来的孩子，长大后会出现两个极端：要么成为一个专横跋扈的人，要么成为一个恐惧矛盾的胆小鬼。当父母愤怒地责骂孩子时，可以想一想自己愤怒背后的原因。假如孩子在自己情绪不佳时顶撞自己，不妨暂时离开一会，等自己的心情平静了再回来继续讨论，这样会收到良好的效果。

4.表达自己的想法

父母可以用简单的话语表达自己的要求，毕竟长篇大论的谈话会慢慢演变成批评和指责，会让孩子生厌。父母可以简单地说"是做作业的时候了""你该整理一下床了"，或者干脆不说话，只是在孩子看得到的地方贴上字条就行了，这样的方式会让孩子感到自己受到了尊重，心里也比较容易接受父母的要求。

5.与孩子商量

当父母和孩子的意见出现冲突的时候，采用和孩子商量的方式更容易被孩子接受，孩子会从中学会怎么样客观地看问题。比如，"你可以帮

我把东西拿回来吗？""你可以再仔细考虑一下吗？"商量型的家庭教育是双方都要做出合理的让步，采取折衷的方法，不过需要掌握好退让的原则，切不可放弃父母的权力。父母可以把不可商量的事情列出来，比如"尊重个人隐私""先做作业，后玩""10点以前睡觉""每个月的零花钱定额，不能超支"等，让孩子预先知道这些原则，当你和孩子商量时就有据可循，掌握主动权了。

6.引导孩子怎么做

引导法的家庭教育是解决父母和孩子之间的矛盾最好的方法，可以平静、明确地指出孩子行为的后果。父母可以说"你要怎样做，才能干什么""如果你不这样做，我就会那样做"，这样的话听起来合情合理，不带任何恐吓成分，让孩子明白要对自己的行为负责。

要成为引导型的父母，你对孩子的要求越具体越好，比如"在周末收拾好你的房间后才能出去玩"，父母的要求越具体，孩子就越愿意按你的要求去做。假如孩子还是不听话，那父母就要把自己的话付诸于行动，让他明白父母是说话算数的，自然父母的威信也就树立起来了。

孩子有属于自己梦想的权利

父母往往把自己未能完成的梦想或目标投射到孩子身上，逼迫孩子学习他不喜欢的东西，结果适得其反。在现实生活中，父母往往喜欢为孩子设计梦想，甚至擅自做主地刻上自己梦想的痕迹。

作为父母，有着望子成龙的心理是可以理解的，但是，为了孩子能够有一个美好的未来，尊重孩子自己的选择，不要把自己的愿望强加在孩子的身上，也不要给孩子过大的压力，这样才能帮助孩子实现美好的梦想。

当孩子迈进了幼儿园，父母就为孩子规划一步步地成长历程，还想好了孩子以后要读什么专业，成为一个什么样的人。这时候，父母不顾孩子的兴趣与想法，强行要求孩子沿着自己设计的轨道发展，如果孩子逆反了自己的意愿，就对孩子大声责骂，否定孩子所取得的成绩。

父母作为孩子的领航者，帮助孩子自己设计梦想，给他的梦想装上两只翅膀，给孩子一个广阔的天地，让梦想翱翔于蓝天。

小贴士

1.呵护孩子的梦想

对于孩子的梦想，父母觉得比较合理，就要给予大力的支持，但这并不是简单地点头，也不是马上就要求孩子付诸于实际行动。让孩子为了实现自己的梦想而努力奋斗，这也需要考虑到孩子的接受能力。孩子的梦想是一个循序渐进的过程，在孩子萌发了梦想之初，父母要精心呵护，不要对孩子的梦想不理睬，也不要企图拔苗助长。父母要以理解宽容的态度来对待孩子的梦想，这样才能使孩子树立稳固的梦想。

如果孩子的梦想有些不切实际，甚至显得很荒唐，这时候，父母也要耐心地询问孩子，与孩子进行有效的沟通。对孩子的想法，需要支持就要给予鼓励，即便是不需要支持的也要先给予肯定，再引导孩子设计自己的梦想。

2.引导孩子把梦想作为前进的目标

孩子的梦想一旦确立了，父母就可以顺势引导，以梦想激励孩子，鼓励孩子采取一定的行动去实现梦想。父母可以在孩子梦想的过程中不断地进行鼓励以及一些适当的奖励，让孩子充满自信，追逐梦想。朱永新曾

说："谁在保持着梦想，谁就能梦想成真；谁在不懈地追寻理想，谁就能不断地实现理想。"父母在教育孩子中，更需要注重寻找孩子的梦想，编织孩子的梦想，以此引导孩子健康地成长。

3.尊重孩子的梦想

父母在培养孩子某些方面的能力的时候，必须首先征求孩子的意见，尊重孩子的梦想。这时候，父母可以依据孩子平时的兴趣去理解孩子的梦想，明白孩子真正需要的是什么。就算是孩子的梦想与父母自己设计的有一些偏差甚至严重脱节，父母也要冷静地与孩子沟通，以孩子的梦想与选择为主，在尊重孩子梦想的基础上，向孩子表露出自己的想法，让孩子充分理解父母的想法，但是，最终的选择权还是要交给孩子，父母千万不能擅自作主。

4.不要把自己的梦想强加给孩子

有的父母自己是医生，认为医生就是最伟大的职业，于是，他们在对孩子的教育中，就是不断地把自己的梦想强加在孩子身上，希望孩子能成为一名医生；有的父母则相反，他们受够了本职业带给自己的痛苦，他们不断地向孩子灌输这个职业不好，让孩子一开始就对该职业充满了反感。实际上，每个孩子都有自己的梦想，父母可以进行积极地引导，但切忌越俎代庖，把自己的梦想强加在孩子的身上。

第 12 章
孩子最需要什么,是足够的爱和尊重

在孩子成长过程中,他们到底需要什么,父母给予的真的是孩子们所需要的吗?不可否认的是,父母的爱是无私的,温暖的,可能他们在很多方面都为孩子做得非常周到。但孩子无论处于哪个阶段,他最需要的是足够的爱和尊重。

让孩子学会自己依靠自己

孩子虽然可以靠父母和亲戚的庇护而成长，因爱人而得到幸福，但是不管怎么样，人生归根到底还是要靠自己。一个人要想成就大事，从心底里感受到生命的充实，那就必须要靠自己。所有的事实都证明："一切靠自己"是最明智的人生理念。

在孩子成长的路上，其成就动机是促使孩子们成功的原动力。作为父母一定要注意培养呵护孩子的成就动机，通常情况下，那些成就动机高的孩子，在生活中往往具有独立的见解，能够抵制不可靠的意见，做事情就很容易赢得成功。而且，在做事情的过程中，孩子们总是可以尽自己最大的努力，克服一切障碍，将自己的潜能发挥到极致。相反，那些成就动机低的孩子，他们总感觉信心不足，认为自己不行，而在设置目标的时候，他们又设置了一些不切实际的目标，结果因不付出努力，导致一次次失败。

当然，孩子的成就动机是可以在日常生活中培养出来的，最关键的一点，就是父母一定要让孩子学会自己依靠自己，让他知道不论做什么事情，都必须依靠自己的力量，这样才能克服障碍，才能增强其成就动机。

父母应该有意识地培养孩子的独立能力以及自立意识。因为对于一个充满朝气的孩子来说，要是觉得自己有能力，一百个人说你是白痴也没

用；假如孩子觉得自己很没用，那即便给他注射兴奋剂也没用。父母需要告诉孩子：任何成功靠的都是自己的努力和机遇，这跟别人的照顾没有决定性关系，正所谓天道酬勤，只要你相信自己，那生活就一定会越来越好。

小贴士

1.孩子摔倒了，让他自己爬起来

告诉孩子：在这个世界上，不要相信任何人，只能相信你自己。在平时的生活中，假如孩子自己摔倒了，他们不会哭闹不止，而是自己都会爬起来，因为他们知道，哭闹都是没用的，谁也没时间管自己。

2.让孩子分辨态度与行为的差异

有时候当孩子真的想去靠自己的时候，却有的父母抱怨孩子认真过头，太计较，当孩子真的自己努力去做某件事情的时候，父母有时觉得孩子不用这样认真。假如父母从一开始就不主张孩子做到最好，那他一生可能也不会认为自己就是最好的。假如孩子从小就不能仔细分辨态度与行为的差异，那他也不可能那么严肃地对待以后的学习和生活。

父母需要正确对待孩子的成就动机，假如孩子天生爱较真，每件事都想做到最好，那父母就应该像办法去呵护孩子的成就动机；假如孩子不好强，凡事都顺其自然，那父母需要花时间去培养孩子的成就动机。

3.激发孩子的成就动机

父母帮助孩子树立能够达到的目标，激发并帮助孩子驾御适当的成就动机，让他们明确知识学习，品德修养等追求的目标。当孩子在一次活动中获得成功的时候，他们会感到满足，这时父母教育孩子不能满足现有成就，在夸奖他们的同时，帮助他们树立进一步的目标。

4.相信孩子的能力

父母要相信孩子的能力，给予他们锻炼的机会，只要孩子自己能够做的，就应该让他们去做。凡是孩子自己能想到的，他们就会有尝试的愿望，父母要不厌其烦地给孩子机会，允许孩子去做一些他们自己能够做好的事情，这样会增加孩子的自信心，利于他们赢得成功。

让孩子知道为什么努力

勤奋是一个人生存的最根本条件，一个人的成功跟他是否勤勉是有重要关系的。如果一个人是勤奋的，那么他就拥有了成功的机会；如果一个人是懒惰的，那么他就一定是不会成功的。勤勉和成功是互相制约的，经常会有很多人因为自己的勤勉而成功，但却很少有人因为懒惰而成功。虽然你的勤劳并不一定会给你带来成功，但是无论如何，每个人都要辛勤工作，因为这是导致成功的最基本的条件。

成功的秘密：把寻求别人的帮助视为耻辱，不管自己多么贫穷，不管自己怎么样在低谷中挣扎，始终会保持这种意识，并以鲜明的独立精神继续生活。灵魂的根源就是独立地生存，自己要想获得独立和自由，就必须学会勤勉。

在孩子们很小的时候，父母就应该给他们讲述一些关于勤勉的故事。

在孩子们小时候就开始培养他们勤勉的习惯，这有利于孩子们更早地意识到勤勉的作用。告诉孩子：如果你很懒惰，那么就什么也得不到；如果你是个勤奋的人，就能够得到奖赏。因为从小树立起来的观念，会让他们在成长的路途中，更懂得怎么认真地去做每一件事。

小贴士

勤勉是人一生的财富，怎么样培养孩子是每个父母必须要考虑的问题：

1.让孩子在游戏中学习

对于年幼的孩子来说，他的生活就是游戏，学习做家务其实也是一种游戏。比如父母让孩子收拾玩具的时候，可以说："玩具玩累了，他们要回家休息了，让我们把他们送回家吧。"开饭的时候，父母可以说："妈妈要当厨师了，宝贝，你来当服务员，好不好？那现在就有请服务员帮忙把菜端出去。"当孩子觉得做家务原来可以这样有趣的时候，他们就一定会喜欢上做家务。

2.让孩子多练习"做事"

许多父母因为赶时间上班，没时间和孩子磨蹭，看孩子做事做的很慢，就干脆自己来做。实际上，父母可以利用晚餐后的时间来慢慢教孩子，并尝试着让孩子自己来做，时间一长就熟能生巧了。

3.抓住孩子兴趣的动机

从孩子的发展过程来看，孩子都是喜欢做事的，比如开始学走路不要父母抱；学吃饭时不喜欢父母喂，要自己吃；父母给孩子穿衣服，他会抢着自己穿。其实，这就是孩子做事情最强烈的时候，父母需要耐心地教给孩子方法，指导孩子做好他们想做的事情，让孩子享受到"我会做"的喜悦和成就，不要顾虑到安全或觉得麻烦而不肯让孩子尝试，结果让孩子失去了学习的机会。

4."舍得"让孩子做家务

父母不要总认为孩子小，很多事情都舍不得让他做而每件事都代劳，时间长了，孩子就没什么机会练习了。慢慢地，许多事情就真的不会做

了。所以说父母要舍得让孩子做家务。当然，由于孩子的年龄，动作技巧，体力，耐心不一样，父母让孩子做家务，应按照孩子的能力而来，不宜过度，否则会让孩子因挫折而产生抗拒和畏惧感。

5.父母要做示范性动作

在训练孩子学习生活劳动的具体操作时需要父母示范，然后再让孩子独立操作。比如，父母教孩子扫地、洗手帕、洗袜子、穿衣、穿鞋等，让孩子看大人怎么做，一边示范一边细心去给他讲具体的注意事项，然后手把手教，再慢慢放手让孩子自己独立操作。

6.少责备，多鼓励

父母在指导孩子的时候，口气要温和，不宜不耐烦，应有耐心、有步骤地教导孩子学习。犹太父母认为，父母应该珍惜孩子每次的尝试，以鼓励为主，孩子每做好一件事情，都应该及时鼓励，比如，给孩子一个微笑，拥抱一下或说声"谢谢""做得不错"，这都可以让孩子感到骄傲和自豪，体验劳动的愉快，激发其喜欢劳动的欲望。

7.适当奖赏孩子的劳动

可以会通过家庭教育来让孩子学会勤勉。比如他们会给孩子一份清单："小米拖地赚了10元，吃饭后为全家人洗碗赚15元""小丽收拾自己的床铺赚了15元，在家照顾小弟弟赚了10元，插花赚了10元"。而且告诉孩子这些零花钱是通过自己劳动所得，如果你不干活，就不能得到零花钱。不随便给孩子钱的目的就是鼓励孩子们多干活，并通过孩子们干活来培养他们的勤勉。等到这些孩子长大了，大多都能勤奋地工作，最后在事业上取得成功。

找到孩子的成长规律

生活中，父母常常按照自己固有的认识和愿望去塑造孩子，却忽视了孩子本身是一辆马力十足的轿车，而自己却正用两匹马的力量在拉着他们前行。这就是著名的卡迪拉克效应。

每个孩子最初都是一只完美的杯子，而后来每只杯子总是被人不同程度的伤害，或父母或老师。最终，被伤害的孩子疏远了父母，与父母之间形成的隔膜日渐深厚，可我们还是听到父母大声地责备："你怎么永远那么笨。"教育专家研究发现，在一个普通家庭里，一个孩子平均受到十次批评才能得到一次表扬。所以，许多孩子在成长过程中总是感觉到自己很失败，他们封闭了自己的世界，变得性格孤僻、敏感。其实，大部分都是由于父母在每天与孩子谈话中传递给他们这样的信息。

周末妈妈带着孩子去邻居家串门，正好撞上李太太正龇牙咧嘴地训斥孩子，那孩子看起来很害怕，身子也不停地颤抖，连正视李太太的勇气都没有。李太太见来了客人，收敛了自己的情绪，还不忘对着孩子骂了一句："我说你真是笨啊，朽木不可雕也。"妈妈吩咐豆豆："去带着弟弟出去玩吧。"孩子带着那个小男孩出去了。

妈妈和李太太开始聊起了孩子的教育。李太太说，孩子不争气，这次期中考试几门功课都才到及格的边缘。妈妈能体会李太太那种望子成龙的心情，但孩子那惶恐的表情更让自己心疼。妈妈有些担心地问："孩子跟你亲近吗？""什么亲近不亲近，每天都在家里，不过除了我教训他，他可从来不敢在我面前讲话。"李太太有气无力地回答，林妈妈听了这话，有点担心那孩子的心理，不顾李太太的面子，反问她："看你骂孩子笨蛋，难道孩子就像一块废铁，一点优点都没有吗？"

很多父母都会犯这样的错误，总是大肆宣扬自己孩子的缺点，好像孩子真的浑身上下一无是处。但是，当有人问到孩子的优点时，他们却支支吾吾答不上来。许多父母对自己的孩子不满意，越苛刻，孩子表现越差，而且性格越来越孤僻，真正成为了父母口中所说的"失败者"。难道孩子真是像父母说的那样没用吗？每个孩子都有自己的优点与缺点，愚笨的父母只放大了孩子的缺点，却忽视了孩子的优点。

事实上，孩子在成长过程中也需要适当的赞扬，他们才更有勇气去挑战未来，而一味地责备与批评只会打击孩子的自信心，让他们变得自卑，变得敏感。其实，每个孩子都是优秀的，这种优秀需要父母耐心和宽容，多看看孩子的优点，这是每一位在困惑中的父母所需要做的。

小贴士

1.正面积极肯定孩子的优点

有的父母看到了孩子的成绩给予了赞扬，但这样的赞扬只会短暂出现，让孩子感到骄傲与自豪。当孩子的优点成为一种习惯的时候，他们就觉得孩子的表现已经得到了肯定，便不再赞扬他这种行为了。事实上，这时候，孩子会觉得自己的积极性受到了打击，慢慢就失去了做事情的兴趣。孩子在表现出彩的时候，父母应该给予正面的赞扬与肯定，积极的正面肯定会让孩子感受到父母的喜悦，给孩子带来了愉快的心理感受，这样会强化孩子的表现，促使孩子做得更完美。

2.顺应孩子的特点，欣赏其独特的一面

每个孩子都有自己的特点，有的孩子可能还有轻微的自我封闭倾向，这时候，父母也不要感到大惊小怪。这些特点也是孩子人格的一部分，父母的斥责只会激起孩子的逆反心理，让孩子个性倾向越来越严重。如果父

母能发现孩子有一些与众不同的特点,寻找出其特性中的积极因素,因势利导,就能帮助孩子变得快乐自信起来。

3.父母要善于发现孩子的闪光点

每个孩子都是优秀的,父母缺少的是那一双发现闪光点的眼睛,这就需要父母去善于发现孩子的优点,给予孩子肯定与鼓励,帮助孩子树立起自信,完善自己的人格。比如,有的孩子总是在家里搞破坏,把东西拆了,表面上看是一种调皮的行为。但父母若从另外一个角度看,孩子是喜欢动脑筋的聪明孩子,对于孩子的聪明要给予正面肯定,对于孩子的行为也要积极引导,而不是打击孩子的积极性。父母一定要保持冷静,善于去发现孩子的闪光点,尽量以鼓励为主,多一些宽容,少一些苛刻,这样才有利于孩子健康成长。

培养孩子抵抗挫折的能力

逆境是一种人生挑战,在压力的促使下,他们能够充分发挥自己的能力,从而发现自己的潜能,肯定自身的价值。而一些人好像就是为逆境而生的,顺境的时候,他好像就提不起精神来,若是一旦遇上逆境,有了压力,则会精神百倍,像变了一个人似的,与逆境抗争着。

每个人的人生道路不可能是一帆风顺的,都会有环境不好、遭遇坎坷、工作辛苦、事业失意的时候,这时候千万不要放弃,因为人生没有失败,只有放弃。

人们的生活水平提高了,社会中独生子女所占的比例也越来越大,但对孩子的教育问题却成为了父母最头疼的问题,在家庭教育的过程中,出

现了一个十分突出的矛盾，那就是孩子的生活和受教育条件越来越好，但孩子们的身心承受能力却越来越差。在我们身边，常常有孩子因为受批评而选择离家出走或者自杀，其中的关键原因就是孩子生活太顺利了，缺乏相应的挫折教育。

挫折教育就是指家长有意识地创设一些困境，让孩子独立去对待、去克服，让孩子在困难环境中经受磨炼，摆脱困境，培养出一种迎着困难上的坚强意志及吃苦耐劳的精神。

挫折是当孩子遇到无法克服的困难，不能达到目的时所产生的情绪状态，人的一生可以说是与挫折相伴的。困难和挫折，对于成长中的孩子而言，是一所最好的大学，而父母给孩子过分的溺爱和保护，让孩子缺少参与、实践的机会，缺乏苦难的磨炼和人生的砥砺，所以，孩子的心理承受能力十分脆弱，遇到一点点挫折就灰心丧气、自暴自弃，从而失去信心。

小贴士

对于孩子们来说，他们的逆境则是在学习和生活中受挫，那他们的受挫原因大致有哪些呢，有这样几点：

1.心理承受能力较差

许多中国父母为了帮助孩子创造一个良好的学习氛围，不让孩子吃一点苦，受一点委屈，认为孩子的任务就是学习，其他所有事情都由父母包办。父母将孩子在家庭范围内承受挫折磨炼的机会降低到了最低。尽管这样的父母是用心良苦，不过结果却是往往相反的。因为对孩子的过度关心、过度保护、过度限制，让孩子缺少磨炼，最后会让其形成一种无主见、缺乏独立意识、依赖父母的心理。一旦这样的孩子遇到了逆境就会束

手无策，心灰意冷，心理承受能力很低。

2.情感上的困扰

孩子们的情绪情感的深刻性和稳定性尽管在发展，不过依然有外露性，比较冲动，容易狂喜、暴怒，也很容易悲伤和恐惧。对孩子来说，情绪来得快，去得也快，顺利时得意忘形，遇到挫折就垂头丧气。因为理智和意志比较薄弱，不过欲望较多，假如家里不能满足其要求，孩子就会产生一些不良的情绪，他们会忍不住发脾气。

3.学习上的烦恼

在中国许多孩子都是独生子女，父母们望子成龙心切，对孩子提出了很多不符合他们身心发展规律的过高期望，再加上频繁的考试、测验、作业、学业竞争，从而增加了孩子们的心理压力，让孩子们不敢面对失败。沉重的学习负担和强大的思想压力，让孩子们精神非常紧张，长时间处于焦虑不安之中。

4.人际关系方面的困扰

随着孩子的心理发展和自我意识的增强，强烈的渴望了解自己与他人的内心世界，所以产生了相互交换情感体验，倾诉内心秘密的要求，他们希望得到别人的理解、尊重、信任。不过有的孩子因为个人特点造成在人际交往上的障碍，自以为是，不能清楚地了解自己的不足，结果让他们在人群中很不受欢迎，这样的孩子容易感到孤独。

别让孩子失去一个快乐的童年

父母的期望值过高对孩子而言并非是一件好事情，有时候甚至会出现

可怕的后果。有的孩子本来有自己的优势所在，不过假如父母的期望值过高偏离了孩子本来的情况，就会让孩子产生不自信、没动力，甚至厌烦、叛逆等心理，这不仅不利于孩子的进步，反而容易让孩子的心理出现问题。

现在社会竞争压力越来越大，而父母对孩子的期望值越来越高，父母迫切地希望孩子成才，导致孩子的学习负担越来越重，而孩子的逆反心理也越来越强。心理学家建议，成功需要一步步的努力，过高的期望值很容易让孩子迷失方向、看不到出路。

"望子成龙、望女成凤"由来已久，父母对孩子的期望值过高，是我国目前许多独生子女父母普遍存在的现象。通常孩子到了三四岁，父母就开始琢磨应该让孩子学点什么，假如是孩子本身愿意去学，那也就无可非议，但我们看到更多的是父母威逼利诱让孩子去学这个学那个，结果弄得自己苦不堪言，而孩子也失去了一个快乐的童年。

小贴士

1.什么是成功的教育

父母怎么样才算对孩子尽到了责任，怎么样才算教育孩子成功？或许父母都喜欢用"出人头地""成名成家"来衡量。实际上，教育的最高理想不是培养多少不可一世的大人物，而是培养出多少和谐幸福的人。对父母而言，教育孩子不一定要把他培养成教授或博士才算成功，关键是要让孩子成为一个幸福的人。

2.尊重孩子的兴趣爱好

父母应该设身处地考虑孩子的实际情况，照顾孩子的兴趣爱好和实际能力，尊重孩子的意愿而不是盲目地要求孩子按照父母预先设计的轨道成长，千万不要对孩子提出过高的期望要求，需要注意给孩子减轻过重的精

神压力。不要将孩子人生的最大砝码仅仅押在学习成绩的拔尖上，毕竟，培养孩子有一个健康的心理、美好的品格和良好的动手能力，远比考试成绩更重要。

3.降低期望值

父母要想让孩子快乐地成人成才，父母首先要有平和的心态，降低期望值，给孩子减压，根据实际情况和孩子一起制定合适的奋斗目标。父母平时要注意不能只看孩子的考试分数，更要帮助孩子发现长处和分析不足，做到扬长避短。对已经出现的问题，要给孩子指出以后努力的方向，以孩子乐于接受的方式来教育，促使孩子养成良好的习惯。

注重孩子的早期教育

心理学家认为，孩子的成长遵循着一种规律，也就是孩子的天赋随着年龄的增大而递减，开发孩子智力越晚，孩子与生俱来的潜能就发挥越少。所以，有一句话是"孩子教育越早越好"。许多父母对此颇有疑虑，毕竟孩子太小就开始教育，于心不忍，也不希望孩子小小年纪就背上学习的包袱。但事实上，孩子早期智力开发是很有技巧的，并非教条般学习，而是重在智力开发。

至于教育越早是否有效，我们可以举一个例子：比如一个橡树在适宜的环境，可以长到30米，这就是它的潜能。然而现实是，没有一棵橡树能长到30米，通常只会到12—15米，假如生长环境打了折扣，只能生长到6—9米；假如土壤肥沃，精心培育，则可达到24—26米。所以，孩子早期教育可以有效开发其潜能，更容易造就天才。

教育专家通过大量研究表明：假如孩子从5岁接受教育，即便是非常好的教育，将来也只能具备80分的能力；假如从10岁开始教育，就只能达到60分的能力，这就是天赋递减法则的典型例子。

可以说，孩子从出生那天开始，就可以通过嘴、舌头及其他感官来探索这个世界。一个人从生命的开始，就有了感知的愿望。大部分父母觉得孩子还小，教育他们应该从合适的年龄开始。其实，生命本身就赋予了孩子求知的渴望。

日本古代驯养名莺的方法很好地说明了早期教育的重要性。据说，野生幼莺在很小的时候，驯莺人就把它从巢穴里捉来进行周密训练。在这些野莺的身旁，通常放着一只名莺，名莺的欢叫异常优美。驯莺人这样做的目的就是让幼莺每天都能听到名莺的叫声，使野莺也能叫出美丽的声音。当优美的声音传进幼莺的耳畔，幼莺的生理机能在潜移默化的过程中改变了，不断跟随名莺的"教育"发生变化。在幼莺向名莺的发展过程中，驯莺人还要进行其他训练。驯莺人认为，如果没有第一步训练作为基础，就没有必要进行后面的训练了。也就是说在整个训练过程中，挑选一只能起示范作用的名莺是最重要的步骤，这样便于幼莺模仿名莺的叫法。

有位母亲对孩子的教育方式十分独特，她从来没有辅导过孩子做功课什么的，就是每天回来跟孩子聊十分钟，只聊四个问题，就完成了她的家庭教育。这四个问题是：学校有什么好事发生吗？今天你有什么好的表现？今天有什么收获吗？有什么需要妈妈的帮助吗？

这些看似简单的问题背后其实蕴涵着丰富的含义：第一个问题其实是在调查孩子的价值观，了解他心里面觉得哪些是好的，哪些是不好的；第二个问题实际上是在激励孩子，增加他的自信心；第三个问题是让他确认一下具体学到了什么；第四个问题则有两层意思：一是我很关心你，二是

学习是你自己的事。

教育学家一直提倡儿童应尽早地进行教育。通常情况下，2岁的幼儿就应该开始接受教育，主要培养幼儿的语言表达能力、身体运动能力及对周围环境的认知能力。7~9岁的儿童要进行系统的知识训练。

小贴士

1.胎教

母亲在怀孕时，不但吃什么东西对胎儿的成长有影响，喜怒哀乐的情绪也会影响胎儿，尤其是孩子以后的心智和精神。那么怀孕时尽量不服用药物，少吃辛辣刺激的食物，多听音乐，多看美丽的风景，不生气、不悲伤。

2.婴幼儿学前教育

别以为婴幼儿无知无识，不会说话。其实，从孩子一出生，一旦接触外部世界就开始了认识世界的历程。他随时都在吸收、学习，而且婴幼儿学习和吸收的速度跟成人比起来要快得多。这一时期的教育并不只是语言、行为方面的，还在于品性方面的。

3.幼儿教育

对大一点的幼儿，需要进行系统的知识系统教育，以及动手能力、思维能力、品德观念等进行系统的教育。作为父母，别总是找借口说"孩子小，他懂什么"，毕竟其一生的思维潜能、品德都奠定于此，不容忽视。

参考文献

[1]傅春晖.父母,请这样和孩子沟通[M].北京:中国纺织出版社,2010.

[2]李彦芳,柳春燕.这样跟孩子沟通最有效[M].北京:北京理工大学出版社,2011.

[3]路易丝·埃姆斯.你的7岁孩子[M].南昌:江西科学技术出版社,2012.

[4]李静.陪孩子度过7-9岁叛逆期[M].北京:北京时代华文书局,2016.